AF389971

L'INFANTICIDE

EN

CHINE,

PAR LE PÈRE LARGENT,

Prêtre de l'Oratoire,

Professeur a l'Institut catholique de Paris.

PARIS

BUREAUX DE L'ŒUVRE DE LA SAINTE-ENFANCE

97, Rue du Bac, 97

1885

L'INFANTICIDE

EN

CHINE

PARIS. — IMP. G. TÉQUI, RUE DE VAUGIRARD, 92.

L'INFANTICIDE

EN

CHINE,

PAR LE PÈRE LARGENT,

Prêtre de l'Oratoire,

Professeur a l'Institut catholique de Paris.

PARIS

AUX BUREAUX DE L'ŒUVRE DE LA SAINTE-ENFANCE

97, Rue du Bac, 97

1883

L'INFANTICIDE EN CHINE.

On sait le but que se propose l'Œuvre de la Sainte-Enfance, et les moyens qui lui servent à l'atteindre. Elle veut arracher à la mort les nombreux enfants Chinois qu'une coutume barbare y condamne chaque année ; elle leur procure l'inestimable bienfait du baptême : elle élève dans des orphelinats ceux qu'une mort prématurée n'envoie pas immédiatement au ciel. Des aumônes recueillies sou par sou dans tous les rangs de l'enfance chrétienne, constituent le budget de cette institution.

L'Œuvre de la Sainte-Enfance a rencontré des adversaires. Son caractère et son but expliquent assez l'opposition qu'on lui a faite, et qu'on eût épargnée sans doute à une association purement philanthropique. Tous n'élèvent pas contre la Sainte-Enfance des accusations d'égale portée. « Les missionnaires, écrit « un Chinois, apologiste du Céleste-Empire, « dans la *Revue des Deux-Mondes*, ont fondé « des hôpitaux et des écoles avec les sommes

« provenant de la moisson des petits sous.
« Ces établissements rendent de grands ser-
« vices à la classe pauvre, et je n'ai pas à criti-
« quer une œuvre qui fait le bien (1). »

M. Eugène Simon, ancien consul de France
à Ning-Po, ne reconnaît pas les services pro-
clamés par M. le colonel Tcheng-Ki-Tong :
à l'en croire, le souci de sauver les âmes des
nouveau-nés étouffe chez les missionnaires
catholiques et chez leurs auxiliaires toute
commisération humaine. « Le but de l'ins-
« titution de la Sainte-Enfance n'est pas de
« sauver les enfants de la mort temporelle,
« mais de les sauver de la mort éternelle. En
« sorte que l'idéal de cette institution serait à dé-
« sirer que chaque enfant mourût aussitôt bap-
« tisé, et que ceux qui survivent sont (*sic*) consi-
« dérés comme de véritables *impedimenta* (2). »
D'après M. Eugène Simon, les orphelinats
catholiques de Chine sont très inférieurs aux
orphelinats païens, et, dans ces derniers, il
meurt beaucoup moins d'enfants que dans les
nôtres. Enfin, un autre Français, M. Sarcey,
conteste jusqu'à l'existence de nos orphelinats.

---

(1) *La Chine et les Chinois* par M. le colonel
Tcheng-Ki-Tong. *Revue des Deux-Mondes*, 15 Juin
1884. — *Les Chinois peints par eux-mêmes*, par le
colonel Tcheng-Ki-tong, attaché militaire de Chine
à Paris. (Paris, Calmann Lévy, 1884.)

(2) *Nouvelle Revue*, 15 mars 1883.

— 3 —

« Où sont ces établissements sauveurs ? » demandait-il un jour avec ironie (1). On le voit, le langage du voyageur français, celui du rédacteur du *XIX° Siècle*, diffèrent notablement du langage du lettré Chinois ; cependant, tous s'accordent sur un point. Le mal affreux auquel la Sainte-Enfance prétend remédier, l'infanticide dont elle essaie d'arrêter les ravages, n'existe que dans l'inventive imagination des uns, dans la naïve crédulité des autres.

« Il est de fait, » écrit M. le colonel Tcheng-Ki-Tong, « que l'amour des parents pour les « enfants est le même dans tout l'univers. « Cet amour est inné et les Chinois ne font pas « exception à cette règle. » L'antiquité classique n'y faisait pas exception non plus ; et pourtant, « qui ne sait le peu de prix que les « lois attachaient à la vie d'un enfant nouveau-« né chez les nations païennes les plus poli-« cées, et le prix immense que le christianisme « lui donne chez nous par l'institution du « baptême (2) ?... »

---

(1) *Le XIX° Siècle*, 7 décembre 1875. Notons que, par jugement du 23 décembre 1875, le tribunal de police correctionnelle de la Seine (8° chambre) a condamné pour diffamation envers l'Œuvre de la Sainte-Enfance les rédacteurs du *XIX° Siècle*, MM. About et Sarcey.

(2) M. Silvestre de Sacy, discours à l'Académie française, en réponse au discours de M. de Champagny, 10 mars 1870.

Est-ce que des erreurs et des préjugés invétérés n'ont pas trop souvent obscurci, dans la débile raison de l'homme, les plus claires notions de la loi naturelle ; est-ce que surtout les sombres suggestions de l'intérêt, de l'égoïsme, de la débauche, n'ont pas souvent étouffé dans le cœur humain des instincts légitimes et providentiels ? Chez les Chinois, l'infanticide s'explique par des causes multiples. Malgré les dénégations de M. Tcheng-Ki-Tong, la misère est une de ces causes ; elle n'est pas la cause unique. Le désir d'avoir des garçons, la crainte que les soins réclamés par la fille qui vient de naître, ne retardent la naissance du fils qu'on appelle, expliquent aussi le meurtre des enfants du sexe féminin. Le Chinois, plus que tous les autres hommes peut-être, tient à perpétuer sa race : or, la fille, au jour de son mariage, sort de la famille qui l'a nourrie ; elle prend place à un foyer qui n'était pas le sien : les ancêtres ne revivront point en elle. Nous avons nommé *les ancêtres* : l'histoire, — et cette histoire est pleine de controverses orageuses, — nous a appris la place capitale que *le culte des ancêtres* tient dans la vie et dans la préoccupation des Chinois. Ce culte, c'est le fils qui le rend à son père. La superstition vient fortifier encore le désir que le Chinois a de *se survivre*. Que deviendra-t-il dans le monde où la mort va l'introduire, si, par des festins donnés en son honneur et par des offrandes de diverses sortes, la piété d'un fils ne lui crée, par delà la tombe, une sorte d'opulence ou du moins d'aisance posthume ? La croyance à la métempsycose favorise aussi l'infanticide : l'âme qu'on *éconduit*, pour ainsi dire, du corps féminin qu'elle avait revêtu, et du foyer où elle s'était égarée, ira chercher fortune ailleurs ; elle accrochera un autre corps, et, sous une autre forme, trouvera peut-être de meilleures destinées.

Enfin, la haute idée que les Chinois ont de l'autorité paternelle, devient elle-même parfois une provocation à l'infanticide. Certes, le respect de cette autorité, le sentiment religieux qui lie les fils aux auteurs de leurs jours, constituent un des caractères de la société chinoise et une des forces qui la maintiennent. Mais à ce respect filial ne correspond pas nécessairement la tendresse du père pour ses enfants. Le Chinois oublie que, si auguste qu'elle soit, l'autorité paternelle n'est pas omnipotente : qu'à franchir ses bornes, elle violerait les droits de l'éternelle raison et de la souveraine justice. Des parents osent dire : « C'est nous qui avons « donné la vie à cet enfant, c'est nous qui le « noyons : où donc est le mal ? » Le mal disparaît surtout, lorsque l'infanticide devient le prétexte d'un acte de piété filiale. Le *manuel des écoles* en usage dans l'empire chinois contient une image représentant un père qui se fait aider de sa femme pour enterrer vif son petit garçon afin de ménager le riz de sa propre mère (1).

D'ailleurs, la question qui nous occupe est avant tout une question de fait. Notre devoir est d'interroger, sur ce qui se passe en Chine, des témoins dignes d'être écoutés. Nous ne les chercherons point d'abord dans les rangs des missionnaires.

Quelle que soit la sincérité d'hommes qui, au prix des plus douloureux et des plus constants sacrifices, ont voué leur vie à la propagation de l'Évangile ; quels que soient la portée intellectuelle, le mérite scientifique d'un certain nombre d'entre eux, nous n'invoquerons point tout de suite leur témoignage, car on serait tenté de le récuser. Il sera temps, plus tard, de faire appel, et d'une manière seulement subsidiaire, à leurs dépositions. Mais les proclamations et les édits des empereurs et des gouverneurs de provinces, mais les écrits des moralistes et les publications de divers genres destinées à l'amélioration des mœurs populaires, mais les récits des voyageurs qui ont parcouru la Chine avec l'unique souci de bien voir et de bien décrire, voilà des témoignages auxquels

______

(1) C'est la première des *Vingt-quatre histoires de la piété filiale*. Voir l'album publié par le P. Vasseur, Paris, Palmé.

on opposerait malaisément des fins de non-
recevoir. C'est à l'aide de ces documents multiples que nous établirons l'existence en Chine
du désordre meurtrier que la Sainte-Enfance
combat.

Disons-le d'abord, de ce qu'un fait délictueux
est proscrit dans un code, il ne s'ensuit pas nécessairement que ce délit règne chez le peuple auquel le code s'adresse. Cependant, si ce délit était
l'objet de prohibitions fréquemment répétées ;
si le législateur ou les magistrats chargés de
rappeler et d'appliquer la loi insistaient souvent sur le caractère odieux de ce délit, sur la
beauté et l'utilité sociale de la vertu qui lui est
contraire, on supposerait à bon droit qu'on est
en présence d'un désordre contre lequel l'autorité s'obstine à sévir parce qu'il s'obstine à
durer.

N'est-ce point là le cas de la Chine ?
Laissons, si l'on veut, l'édit de 1659, que
porta le fondateur de la dynastie mant-
choue, Choen tche, à la demande du cen-
seur impérial, Wei-i-Kiai, qui lui dénon-
çait « la barbare coutume de noyer les pe-
« tites filles. » Laissons de même la requête dans laquelle un peu plus tard, sous le
règne de Kang-Hi, le mandarin Ki-cul-
hia constatait que les habitants de la province de Yen-tcheou, riches ou pauvres,
avaient la coutume d'étouffer dans l'eau les

petites filles (1). Les mêmes doléances s'élèvent au dix-huitième siècle ; des édits semblables essaient de couper court au crime que
ces plaintes signalent. En 1772, l'empereur
Kien-Long approuve une requête où l'on constate tout ensemble que le meurtre des petites
filles est habituellement pratiqué dans le
Kiang-si, et qu'il importe de punir les coupables. « Puisque c'est dans l'intérieur des mai-
« sons que l'on s'abandonne à cette barbare
« habitude, » disait la requête en question.
œuvre du grand juge Ngean-hiang-yun-Ki, «les
« étrangers ne peuvent en avoir connaissance,
« et jusqu'ici on n'a point eu à juger de pareils
« crimes. Il est donc nécessaire que les man-
« darins locaux mettent tous leurs soins à
« instruire le peuple, à réveiller dans son cœur
« les sentiments de la nature, et à lui faire
« connaître les lois de l'empire. Si les coupa-
« bles sont punis, cette horrible coutume dis-
« paraîtra peu à peu, et les parents n'enlève-
« ront plus la vie à leurs enfants. La trente-
« septième année du règne de Kien-Long, le
« 27 de la 10ᵉ lune, nous avons présenté cette
« requête à l'empereur. Le 29ᵉ jour de la même

----

(1) *Tse-tche sin Chou, ou Nouvelle collection de
choses traitant du gouvernement*, par Li-li-ong,
t. VII, p. 26. Cet ouvrage, réimprimé dans ces dernières années, se trouve chez tous les libraires de
Chang-haï.

« lune, de la même année. Sa Majesté nous
« fait connaître qu'elle l'approuvait et la con-
« firmait (1). »

Le même empereur porte, en 1773, contre
l'infanticide, un décret dont nous détachons les
passages suivants. « Ce crime qui viole les
« lois de la nature, doit être puni de la peine
« du fouet et du bannissement. Si les enfants
« mis à mort sont des filles nouvellement nées
« et privées encore entièrement d'intelligence
« et de raison, les coupables ne pourront pas
« alléguer la désobéissance des filles pour jus-
« tifier leur crime (2). » Ces mesures n'avaient
eu sans doute qu'une efficacité médiocre, car,
en 1785, Then, trésorier général du Kiang-
Sou, engageait le gouverneur de cette province
à flétrir, dans une proclamation, la pratique
de l'infanticide (3). C'est qu'à l'époque où nous
sommes arrivés, les habitants du Kiang-Sou
méritaient le reproche qu'un siècle plus tôt on

---

(1) *Te-i-lou, Recueil de choses utiles.* Chang-Haï,
librairie I-Hoatang. 8ᵉ année de Tong-tche, 1869,
t. I, 2ᵉ partie intitulée : *Pao-yng-hoei-Koei-tiao*, ou
Règlements relatifs à la protection des enfants. Dans
d'autres éditions, cette seconde partie forme le
second volume.

(2) Dans les *Annales de la Sainte-Enfance*, t. XXI,
p. 291.

(3) *Te-i-lou*, t. I, 2ᵉ partie, p. 11. L'auteur ne
donne pas le texte de cette proclamation ; il se con-
tente de la mentionner.

1.

avait adressé à leurs pères : « de ne pas faire
« plus de cas de la vie d'une fille que d'un brin
« de paille. » ·

On pourrait nous répondre que tous ces
actes officiels sont bien anciens ; qu'ils da-
tent du xvii° et du xviii° siècle, et que nous
sommes au xix° siècle. Dans ce pays où tout
semble voué à l'immobilité, les habitudes ont-
elles changé ; et, en présence d'un peuple désormais respectueux des devoirs de la paternité
et des droits de l'enfance, l'autorité n'a-t-elle
plus à menacer et à sévir ? Nous voudrions
qu'il en fût ainsi ; malheureusement, les documents officiels de notre siècle trompent cruel-
lement ce désir.

En 1815, l'empereur Kia-King faisait dans
un édit l'aveu suivant : « Aujourd'hui, le
« peuple a partout contracté l'habitude, passée
« dans les mœurs, de vendre les femmes et de
« noyer les petites filles (1). »

Sous le règne de Tao-Koang, le gouverneur
du Tche-Kiang essaie de rappeler à l'humanité les populations que l'empereur lui a con-
fiées. « Au Tche-Kiang, dit-il, l'habitude de
« noyer les petites filles est fort invétérée : les
« mandarins ont, à plusieurs reprises, publié
« des proclamations pour l'extirper, mais elle

_____

(1) *Tc-i-lou*, t. I, 2ᵉ partie. *Pao-yng-hoei-Koei-
liao*, p. 39.

« n'a point disparu. La cause principale de
« ce crime vient de ce qu'on fait trop de dé-
« penses pour les mariages... Nous, gouver-
« neur, envoyons cette proclamation dans
« toutes les villes de premier, de second et de
« troisième ordre, pour exhorter au bien les
« notables et les marchands : que chacun dans
« son propre pays fournisse des subsides et
« réunisse des provisions pour nourrir les
« enfants et les vieillards. Les notables et les
« anciens doivent aussi exhorter le peuple à la
« pratique de la vertu. Que dorénavant on ne
« noie plus les filles. S'il se rencontre encore
« des violateurs de cette défense, après enquête
« faite, ils subiront la peine portée par la loi.
« Proclamation spéciale.
« Le 1er de la 7e lune de la 5e année de Kao-
Koang (1). »

En 1838, Ky, gouverneur de Canton, disait
dans une proclamation à ses administrés :
« Après enquête, j'ai constaté que dans la
« province de Koang-tong l'usage de noyer
« les petites filles est commun, et que les
« riches aussi bien que les pauvres n'hésitent
« pas à recourir à ce moyen... Sûrement vous
« oubliez que vos mères et vos femmes ont
« été autrefois du nombre de ces petites filles.

---

(1) *Te-i-lou*, t. 1, 2me partie, *Pao-yng-hoei-koei-liao*, p. 16.

« Sans femmes, que deviendrait votre posté-
« rité? (Dans le *Chinese Repository*, journal
« anglais imprimé à Canton ; nº du 19 février
« 1838.) » Quelques années plus tard, en 1845,
l'empereur Tao-Koang publiait un édit par
lequel il réprouvait cette coutume barbare des
infanticides ; il exhortait les parents pauvres à
envoyer aux hospices les enfants dont ils ne
voulaient pas, plutôt que de les faire dévorer
par les bêtes ou de les jeter dans le fleuve ; il
menaçait de la peine de soixante soufflets quiconque enfreindrait ses défenses (1).

En 1848, le juge criminel de la province de
Koang-tong porte un édit contre l'infanticide.
« J'ai appris, » dit-il, « que dans Canton et
« les faubourgs, on avait la coutume d'aban-
« donner les petites filles. Dans quelques cas
« c'est parce que la famille est pauvre et qu'on
« ne peut subvenir à l'entretien de nombreux
« enfants ; dans d'autres cas, les parents dési-
« rent un garçon ; et, dans la crainte que les
« soins à donner de la part de la mère ne re-
« tardent une seconde progéniture, quand une
« fille naît, aussitôt elle est abandonnée.

« Bien qu'il y ait des établissements pour
« les enfants trouvés du sexe féminin, cepen-
« dant on n'a pu détruire cette révoltante pra-

---

(1) *Annales de la Sainte-Enfance*, t. 1, page 484.

« tique qui est un outrage à la civilisation, et
« qui brise l'harmonie du ciel. »

Avant de rappeler des pénalités qui demeu-
reront, hélas ! inefficaces, le juge criminel, con-
formément aux usages de son pays, présente
à ses administrés des considérations morales
qui n'agiront pas davantage sur leur volonté.

« Considérez les insectes, les poissons, les
« oiseaux, les bêtes féroces : tous aiment leurs
« petits... Comment donc, vous, pouvez-vous
« massacrer ceux qui sont formés de votre
« sang, et qui sont pour vous comme les che-
« veux de votre tête ?

« Ne vous inquiétez pas de votre pauvreté :
« car vous pouvez, par le travail de vos mains,
« vous procurer quelques ressources. Quoi-
« qu'il soit difficile de marier vos filles, ce
« n'est pas une raison pour vous en débar-
« rasser. Les deux pouvoirs, celui du ciel et
« celui de la terre, le défendent. Les enfants
« des deux sexes appartiennent à l'ordre du
« ciel, et, s'il vous naît une fille, vous devez
« l'élever, encore qu'elle ne vaille pas pour
« vous un garçon. Si vous tuez vos filles,
« comment pouvez-vous espérer d'avoir des
« fils ? Comment ne craignez-vous pas les
« suites de votre indigne conduite, et surtout
« les décrets de la justice du ciel (1)?... »

____

(1) *Ann. de la Ste-Enf.* t. ii, p. 198.

Des actes du même genre se sont multipliés depuis 1848. A l'imitation des souverains leurs devanciers, les deux impératrices qui gouvernaient la Chine durant la minorité de Tongtche, disaient dans une proclamation, en 1866 : « Notre secrétaire Lin-che nous a respectueu-
« sement fait savoir que la coutume de noyer
« les petites filles n'est pas encore extirpée...
« Notre secrétaire nous annonce que ce crime
« est encore commis dans les provinces de
« Koang-tong, Fou-Kien, Tche-Kiang, Chang-
« si, etc. ; et qu'il est difficile de supposer qu'il
« ne se commette pas aussi dans les autres
« provinces de l'empire. Cet attentat trouble
« l'harmonie du ciel et de la terre, etc. » En conséquence, les régentes renouvelaient les pénalités déjà portées contre le crime d'infanticide, et exhortaient à la fondation d'asiles où les nouveau-nés seraient recueillis (1).

Les mandarins se sont attachés à commenter la proclamation des impératrices ; lui ont-ils assuré l'obéissance publique ? «Malgré les me-
« sures déjà prises, écrivait en 1868 le tréso-
« rier général de la province du Kiang-sou,
« les mœurs, loin de s'améliorer, sont deve-
« nues, après la grande rébellion, pires que
« par le passé ; et aujourd'hui, l'infanticide est
« tellement passé en usage qu'on n'en fait plus

---

(1) *Gazette officielle de Péking* du 29 mars 1866.

« de cas, et qu'il ne semble plus monstrueux.
« Non seulement on noie les petites filles ,
« mais on en vient encore à noyer le second
« des garçons ; et, chose déplorable ! des gens
« qui ne sont point réduits à la misère se ren-
« dent coupables de ces crimes comme les
« pauvres eux-mêmes (1). »

Un autre légat impérial, Ling. trésorier général de la province du Hou-pé. dans un édit
du 7 juin 1873, se pose la question suivante :
« Comment donc peut exister cette coutume
« impie de traiter ces petites filles dès leur
« naissance comme des ennemies. et de les
« jeter à l'eau ? » Et il ajoute : « Quoique.
« parmi le peuple, il y ait des gens qui élèvent
« avec amour ces petites filles, on sait que sur
« dix il y en a à peine deux ou trois qui agis-
« sent de cette manière... Vous devez com-
« prendre que vos enfants, filles aussi bien
« que garçons, sont certainement votre chair
« et vos os. et qu'en noyant vos filles, vous
« encouragez des dommages inexplicables.
« Que si, méprisant de nouveau cet édit. vous
« ne voulez pas obéir et faire disparaître un
« tel abus. à peine le saurai-je que certaine-
« ment je vous punirai selon la loi qui défend

----

(1) Traduit sur le texte officiel de la proclamation ;
ce texte a été copié au tribunal du sous-préfet de
Chang-Hai.

« de tuer les enfants. Et si vos voisins et vos
« parents, le sachant, ne veulent pas délivrer
« ces enfants, vous exhortent à les noyer, ils
« seront punis suivant toute la rigueur des
« lois (1). »

Le 27 octobre 1875, Chen, sous-préfet maritime du Song-Kiang-fou, écrivait : « la cou
« tume de l'infanticide règne dans les campa
« gnes comme par le passé (2) ; » et Wen,
préfet de Fou-tcheou, disait dans une proclamation, en octobre 1877 : « On a découvert
« que la noyade des petites filles nouvellement
« nées est fréquente dans les contrées qui dé
« pendent de cette préfecture (3). »

Ainsi se succèdent, dans l'empire du Mi-

---

(1) *Ann. de la Ste-Enf.* t. XXVII, p. 269-272. Le
XIXe Siècle a fini par tenir cette pièce pour authentique, mais il s'est dédommagé d'un aveu tardif et
forcé, en traitant d'idiots les mandarins capables de
publier des actes pareils. (*Le XIXe Siècle*, N^{os} des 19
et 21 décembre 1875).

(2) La proclamation a été affichée sur les murs de
Chang-Hai.

(3) Dans le *Foochow Herald,* journal anglais de
Fou-tcheou, capitale du Fou-Kien. Un an plus tôt, le
10 août 1876, le même journal avait publié une proclamation des magistrats de cette ville, constatant et
interdisant le même désordre. « Si l'on considère les
« nombreuses proclamations affichées partout, » remarque le rédacteur du *Foochow Herald,* « on est
« amené à croire que l'infanticide des filles, si com
« mun au sud de la Chine, est devenu tout aussi com
« mun à Fou-tcheou et aux environs... »

lieu, des plaintes, des exhortations, des menaces, dont la monotonie n'a d'égale que leur
inefficacité.

Les écrits des moralistes nous fournissent
sur l'état d'une société des renseignements qui
valent à tout le moins ceux que nous puisons
dans les textes législatifs ou administratifs.
Même quand les moralistes veulent peindre
l'homme en général, même quand ils croient
ne reprendre que les travers et les vices com-
muns de l'humanité, ils ne peuvent détacher
leurs regards du temps où ils sont nés et du
milieu qui les entoure : à ce titre, ils sont des
témoins précieux dont l'histoire enregistre à
bon droit les dépositions. Si les auteurs moralistes d'un siècle insistent de préférence sur un
désordre ; si, particulièrement dans des publications destinées au peuple, ils s'attachent à
en inspirer l'horreur, ne doutez point que ce
désordre ne soit le péril, ne soit même l'écueil
de ceux auxquels s'adressent ces discours.
Les moralistes chinois, à quelque secte qu'ils
appartiennent, ne se taisent pas sur l'infanticide.
Voilà des siècles que tous, disciples de Tao,
de Buddha, de Confucius, rappellent aux pères
et aux mères leurs devoirs, et s'efforcent d'arrêter les monstrueux attentats qui menacent
la famille chinoise à la racine. Pour persua-
der, ces diverses catégories de lettrés ne se servent pas des même moyens. Les buddhistes et les

taoïstes font appel à des croyances religieuses
que recouvre, dans l'âme déçue de leurs
adeptes, la végétation touffue de superstitions
invétérées. A l'aide de légendes, ils annoncent
les châtiments terribles qui, dans cette vie et
au-delà, attendent les parents meurtriers de
leurs filles. Au nom des esprits, ils promettent
des récompenses à ceux qui auront accompli
envers tous leurs enfants sans exception des
devoirs aussi impérieux que trop souvent mé-
connus. Les lettrés qui auront aidé à la conservation des enfants, ne manqueront pas non
plus de récompense. et à vrai dire, c'est justice. « A Mien-Yang, vivait un homme fort
« pauvre, nommé Wang-Huïen. Chaque fois
« qu'il devait se présenter aux examens, il
« allait sur la place publique consulter les
« sorts. Il exhortait alors ses concitoyens à
« ne point noyer les petites filles : si quelqu'un
« d'entre eux avait formé le projet d'en tuer
« une, il l'en dissuadait avec force, et lui four-
« nissait de l'argent et du riz pour l'élever...
« Pendant l'année Kian-Yn, sous le règne de
« Kien-Long, il se présenta aux examens, et
« alla chercher un logement dans une pagode.
« Il vit en songe le dieu de la littérature qui
« le félicita des mérites qu'il avait acquis en
« sauvant les petites filles destinées à la mort :
« mais il se montra peu satisfait des traits
« de son visage. Quelqu'un dit alors : il faut

« lui faire présent d'une belle barbe et il aura
« meilleure mine. Un esprit caressa de la main
« la figure de Wang-Huïen, qui se réveilla en
« sursaut et fut fort effrayé. Le bonze l'ayant
« aperçu resta tout ébahi ; il l'avait vu la veille
« avec un menton dénudé, il ne pouvait s'ex-
« pliquer d'où lui venait cette barbe touffue.
« Wang-Huïen se regarda dans un miroir,
« poussa un éclat de rire et lui donna la rai-
« son de cette transformation. Quand parut la
« liste des lauréats, son nom y figurait le
« premier. »

Telles sont les récompenses, — la première
paraîtra sans doute moins enviable que la seconde, — qui sont promises aux adversaires de
l'infanticide par le *Hio-tang-kiang-iu* (discours
moraux pour les écoliers), publié en 1860(1).
L'imagerie populaire vient au secours de ces
préceptes, de ces menaces, de ces promesses.
Elle n'est pas uniquement au service des buddhistes et des taoïstes ; les confucianistes en
usent aussi ; mais par ses illustrations souvent
grotesques, elle fournit aux œuvres des lettrés
buddhistes et taoïstes un commentaire qui parle
aux yeux. Ajoutons qu'elle offre à notre enquête des renseignements précieux, car elle
nous révèle les procédés ordinaires de l'infanticide. Indiquons seulement quelques-unes des

---

(1) *Hio-tang-kiang-iu.* p.19.

légendes qui expliquent au peuple chinois les images qu'on lui destine. « En noyant ses « petites filles, une femme donne la mort à « son propre fils (1). Celle qui a noyé des petites « filles éprouve un enfantement difficile (2). « Ceux qui ont noyé des petites filles sont « changés en bêtes (3). Celle qui excite à « noyer les petits enfants, aura la langue cou- « pée (4). Ceux qui ont noyé leurs petites « filles sont privés de garçons (5). Celui qui « a empêché le bien meurt d'une manière « terrible (6). Ceux qui ont engagé les autres « à noyer les petites filles, sont dévorés par « les tigres (7) ». En revanche, d'autres textes indiquent les récompenses : « Celle qui a em- « pêché la noyade des petites filles, obtient le « bonheur. Gloire accordée à celui qui a sauvé « des enfants. Celle qui empêche la noyade « des petites filles touche le cœur des Es- « prits (8). »

L'école de Confucius professe d'autres doc-

---

(1) *Hio-tang-je-ki*, p. 38.

(2) *Tcheng-yng-pao-yng-lou*, p. 5.

(3) *Tcheng-yng-pao-yng-lou*, p. 7.

(4) *Tcheng-yng-pao-yng-lou*, p. 8.

(5) *Tcheng-yng-pao-yng-lou*, p. 11.

(6) *Kouo-pao-tou*, p. 5.

(7) *Kouo-pao-tou*, p. 5.

(8) *Kouo-pao-tou*, p. 2.

trines, et ses enseignements ne s'adressent pas au même public. Elle rejette avec mépris les légendes où se complaisent et les rêves dont se nourrissent les disciples de Lao-tseu et de Buddha. D'autre part, défiante à l'excès des forces de la raison, elle méconnaît les besoins supérieurs auxquels les écoles rivales donnent une satisfaction grossière et décevante : et elle n'essaie même point d'aborder les problèmes de notre origine et de notre destinée. De là. le caractère de sa morale, sensée, mais insuf-fisante, qui n'emprunte ses mobiles qu'à des considérations tirées de la vie présente, ou à celle d'un ordre abstrait d'où la notion de Dieu est trop absente. Ce caractère se retrouve dans les écrits nombreux que le très légitime désir d'arrêter l'infanticide a inspirés à l'école de Confucius.

« La coutume de noyer les petites filles est « répandue partout. » dit un confucianiste dans un livre dont le titre est significatif (*Kiai-ni-niu-tou-chouo*. récits illustrés pour sauver les filles, p. 8). « Déjà de sages lettrés et des « hommes pleins d'humanité ont fait impri-« mer des gravures et des observations, et « ont eu recours à tout espèce de moyens pour « exhorter le peuple à se corriger. Cependant « leurs instructions n'ont point encore pu pé-« nétrer partout dans les cabanes du pauvre, et « elles sont ainsi inconnues d'un grand nombre

« de familles. Bien plus, une foule de gens
« ignorants ne pensent qu'à la difficulté d'éle-
« ver leurs enfants, et ne connaissent ni
« la raison naturelle ni les lois de l'empi-
« re. »

Un autre disciple de Confucius écrit dans
le *Kiang-nau-liè-lei-tou-sin-pien*, p. 3o. *(Nouvelle description des calamités du Kiang-nan,*
province qui avait été dévastée par les *Taï-
Ping.)*

« La coutume de noyer les petites filles est
« actuellement fort répandue partout, mais ce
« qui est plus déplorable, on en vient jusqu'à
« noyer les petits garçons. Est-il possible d'a-
« gir d'une manière plus perverse contre la
« raison et l'harmonie céleste ! Ce meurtre est
« un crime qui attire certainement la vengeance.
« Parmi les enfants que les parents portaient dé-
« jà dans leurs bras, un grand nombre sont aban-
« donnés. Que dire alors de la multitude de ceux
« qui sont rejetés dès le moment de leur nais-
« sance ? A peine venus au monde, ils faisaient
« entendre leurs premiers vagissements, et aus-
« sitôt on les jette à l'eau. Sur dix hommes
« témoins d'un pareil spectacle, huit ou neuf
« sont émus de pitié. Vouloir parler raison
« pour sauver ces enfants, c'est chose inutile,
« un homme de cœur même y perdrait sa
« peine ; il est impossible d'être écouté. »

Un ouvrage récent, émané aussi de l'école

de Confucius (*Te i lou-pao yng hoei Tiao* (1) dénonce le même désordre, et propose quelques moyens d'y remédier.

« A notre époque (l'auteur écrivait en 1869)
« la coutume de noyer les filles est très répan-
« due dans toutes les campagnes. On a établi
« dans les villes des orphelinats pour recueillir
« les enfants abandonnés ; et cette mesure est
« conforme à la pensée de l'empereur..... mais
« ils sont d'un accès difficile pour les habitants
« des campagnes éloignées. Qu'arrive-t-il ?
« C'est que les pauvres, qui tiennent à éviter
« même les légères dépenses occasionnées par
« un voyage à la ville, et en redoutent les fa-
« tigues, ne veulent point y apporter leurs en-
« fants. Aussi, poussés par la misère, ils les
« noient habituellement au moment même de
« leur naissance. Cette habitude est tellement
« passée dans les mœurs qu'elle cesse d'être
« monstrueuse. On dit même joyeusement que
« c'est là une manière de marier les filles ; ou
« bien encore, qu'à l'aide de la transmigration
« de l'âme on leur fournit un moyen de renaî-
« tre garçons. Et, comme l'infanticide est de-
« venu très ordinaire, personne ne se met en
« peine d'exhorter les autres à y renoncer. Non
« seulement on noie les petites filles, mais les
« garçons également sont sacrifiés, et les gens

____

(1) Premier volume, seconde partie.

« qui vivent dans l'aisance se rendent coupa-
« bles de ce crime comme les pauvres. Le mal
« grandit de jour en jour, et se propage de tous
« côtés. Il y a telle famille qui a noyé plus de
« dix petites filles. Dans tel village les enfants
« noyés se comptent par plusieurs dizaines en
« une seule année au su de toute la contrée... »

Avant de laisser les témoignages que nous
offrent les livres chinois, mentionnons un ouvrage réimprimé à Ou-tchang, capitale du
Hou-pé, la douzième année de Tong-tché,
c'est-à-dire en 1873, et qui est en vente chez
l'éditeur Tcheng, rue du Dragon-Bleu. Nous
en détachons le passage suivant:

« Un bachelier, nommé Li-tsong-y, lettré
« peu favorisé des biens de la fortune, s'occu-
« pait à sauver les enfants exposés. D'abord,
« ayant trouvé une petite fille sous un pont, il
« l'amena à lui et la donna à élever à sa fem-
« me, pour en faire sa bru. Quand le lait vint à
« manquer, il donnait chaque mois cinq cents
« sapèques à une nourrice. La renommée de sa
« bienfaisance s'étant répandue, on lui appor-
« tait de près et de loin quantité de petites
« filles. Le bachelier les traitait comme ses
« propres enfants. Il y en eut alors qui directement
« vinrent lui demander des épouses pour leurs
« fils, d'autres lui donnaient leur petite fille en
« échange d'une autre élevée par ses soins ;
« d'autres enfin consentaient à élever leurs en-

« fants, et recevaient pour cela les sapèques du
« bachelier. Vint un temps où cet homme ne
« pouvait plus suffire aux demandes, et il s'a-
« dressa lui-même à ses parents et amis pour
« l'aider dans cette bonne œuvre. De la sorte,
« lui seul jusqu'à ce jour a bien sauvé de trois
« à quatre mille petites filles. Les Annales de
« Sin-tchang-hien (sa ville natale) le comptent
« comme le premier dans les œuvres de mi-
« séricorde (1). »

Le journalisme est en Chine de date récente,
mais il a voulu lui aussi combattre ce qu'il
nomme « la perverse coutume de noyer les
« petites filles. » Le *Wei-Pao*, journal de
Chang-Haï, a publié, du 16 novembre 1874 au
9 janvier 1875, une série d'articles dirigés contre l'infanticide. Le numéro du 5 janvier 1875
contient un article intitulé : *Nouveau règlement de la Société protectrice des petits enfants*. Le douzième article de ce règlement
qui en comprend trente-deux est significatif :
« La Société protectrice de l'enfance est sur-
« tout établie pour empêcher la noyade des
« petites filles ; et bien que depuis la rébellion,
« la misère ait quelquefois amené les pauvres
« à noyer les garçons, nous ne pouvons nous
« occuper de cette catégorie d'enfants. » N'est-
ce pas avouer que les dépenses qui seront faites

____

(1) P. 2.

pour arracher les filles à la mort, absorberont
toutes les ressources dont la Société pourra
disposer ? Les faits que nous avons rapportés
nous fournissent une réponse que confirme un
autre journal de Chang-Haï, le *Chen-pao*.
« Malgré les avertissements, les instructions et
« les défenses multipliées des mandarins, les
« habitants grossiers des campagnes, entraînés
« par les mauvais exemples qu'ils ont coutume
« de se donner mutuellement, continuent à ne
« regarder la vie d'un homme que comme un
« jeu d'enfant. » (*Chen-Pao* du 16 septembre
1875.) » D'après le *Chen-Pao*, les lettrés eux-
mêmes cèdent à ce lamentable entraînement.

Un autre journal, le *Min-pao*, ne s'exprime
pas moins nettement que les autres : « Dans le
« *Hoei-tcheou-fou*, dit-il (numéro du 13 juin
« 1876), il existe une fort mauvaise habi-
« tude. Quand une femme donne naissance à
« une petite fille, comme cette enfant sera une
« cause de dépenses, d'appauvrissement pour
« la famille, et d'embarras à l'époque du ma-
« riage, on lui verse dans la bouche un vase de
« vin que l'on appelle le breuvage de la trans-
« migration. On l'étouffe ainsi par l'ivresse,
« afin qu'elle retourne au palais de Nien-lou-
« Wang, pour revenir ensuite sur la terre dans
« un autre corps. Telle petite fille qui vient de
« naître n'a qu'un souffle de vie, aussi est-elle
« incapable de supporter une pareille quantité

« de vin, et elle meurt suffoquée. Aussitôt on
« la prend et on la jette à la rivière. »

Le *Sin-pao*, dans une série de neuf articles
qui vont du 9 mars au 20 mars 1877, a repro-
duit, en chinois et en anglais, tous les articles
qui avaient été publiés, en 1874 et en 1875, par
le *Wei-pao*. Un mois plus tard (20 avril 1877),
le *Wan-Kouo-Kong-pao*, revue hebdomadaire
publiée à Chang-Haï par l'*American Presbyte-
rian Mission*, reconnaissait l'opiniâtre persis-
tance de l'infanticide en Chine, et l'inefficacité
des mesures prises pour l'arrêter :

« La noyade des petites filles existe partout
« dans l'empire chinois, et il est fort difficile
« de faire disparaître cette horrible coutume...
« La cour impériale a publié des édits ; tous
« les mandarins ont affiché des proclamations,
« et il n'est personne qui n'ait réagi contre ce
« crime. C'est dans le même but qu'on a établi
« des bureaux et organisé des associations afin
« d'aider les familles à nourrir leurs enfants et à
« les élever tous sans distinction de fille ou de
« garçon. De plus, tous les livres imprimés sur
« cette matière et répandus à foison, s'effor-
« cent d'inspirer de l'estime pour la vie des en-
« fants... »

Le *Wan-Kouo-Kong-pao* publie ensuite des
extraits d'un livre qui lui a été envoyé (le *Pao-
yn-Kien-tsié*) « dans l'espérance que toutes les
« contrées, villes et campagnes des dix-huit

« provinces de la Chine se feront désormais un
« devoir de sauver la vie aux enfants, qu'elles
« ne les rejetteront plus, et que les filles et les
« garçons auront droit aux mêmes soins. »

Le journal réimprime ensuite les édits des
empereurs Choen-tche et Tong-tche.

Nous avons interrogé les gouvernants, les
lettrés, les journalistes de la Chine, et leurs réponses ont été unanimes. L'infanticide se pratique dans l'empire avec audace. Sans doute,
des pénalités essaient de le réprimer, mais ces
pénalités sont relativement légères. Nous avons
pu en juger par les rappels nombreux qu'en
font les mandarins dans les édits qui ont passé
sous nos yeux. La loi qui interdit l'infanticide,
peut se résumer dans les deux textes suivants.
Code criminel, section CCXCIV. « Quiconque
« tuera son fils, son petit-fils ou son esclave,
« et en attribuera le crime à un autre, sera
« puni de 70 coups et d'un an et demi de ban-
« nissement. » Section CCCXIX, art. II. « Si
« un père, une mère, un grand-père ou une
« grand'mère du côté paternel châtie, pour dé-
« sobéissance, ses fils ou filles, ses petits-fils
« ou petites-filles, d'une façon inusitée et si
« sévère qu'ils les tuent, ceux d'entre eux qui
« se rendront coupables de ce meurtre seront
« punis de cent coups.

« Quand les dits parents tueront, pour la
« cause susdite, leurs enfants ou petits-enfants

« avec l'intention de leur ôter la vie, la peine
« à leur infliger s'étendra à soixante coups et
« à une année de bannissement. »

Ces textes n'atteignent même qu'indirecte-
ment l'infanticide, tel que nous le considérons.
Il a fallu qu'en 1773, l'empereur Kien-Long
assimilât le crime dont nous parlons au meurtre avec préméditation. Dans le Céleste-Empire.
on risque moins à noyer son enfant, qu'à voler
quelque jarre en usage dans les sacrifices im-
périaux ou le sceau d'un tribunal : ces derniers
délits sont punis de la peine de mort.

Plût à Dieu que du moins les pénalités bé-
nignes qui menacent l'infanticide, fussent appliquées ! Mais les magistrats sont de conni-
vence avec leurs administrés. Effrayés d'avance
de l'effort continu qu'exigerait l'exécution de
la loi, ils lancent des proclamations qui flétris-
sent le crime, mais ils le laissent impuni.

Pas plus que la législation, la philanthropie
chinoise n'a pu remédier au mal. Les asiles
créés par la bienfaisance officielle sont insuf-
fisants. « La plupart des orphelinats sont éta-
« blis dans les villes, dit l'auteur du *Kiai-ni-niu*
« *lou-chouo* que nous connaissons déjà ; les ha-
« bitants des campagnes en sont trop éloignés,
« ils craignent les fatigues du voyage quand il
« faudrait y apporter leurs enfants, et ils con-
« tinuent à les noyer. » Sans doute, dans certaines contrées. on offre quelques centaines de

sapèques aux parents qui apporteront leurs enfants à l'orphelinat : mais ce moyen, efficace sur ceux que la misère pousse à l'infanticide, ne l'est pas sur ceux qui y sont déterminés par d'autres motifs. Que sont d'ailleurs ces orphelinats ? L'administration en est souvent si défectueuse que Tchang, vice-roi des deux Kiang, dans une proclamation du 3 de la 1re lune de la 12e année de Tong-tche, déclarait préférer à tous les autres secours les secours donnés à domicile.

« Donner des subsides à la mère pour nour « rir son propre enfant, déterminer clairement « l'époque et la durée de ces secours, disait-il, « ce sont là des moyens qui peuvent sauver « beaucoup plus d'enfants que les orpheli- « nats (1). » Dans une proclamation dont le *Te-i-lou-pao-yng-hoei* a conservé le texte, le mandarin du Kin-Ki-hien, au Kiang-si, se plaint de dilapidations qui diminuaient pour les malheureux enfants les chances d'échapper à la mort.

Avant d'interroger les missionnaires, nous écouterons les voyageurs qui ont visité l'empire du Milieu sans aucune pensée de propagande. Ils nous diront les ravages que l'infanticide accomplit en Chine, et la résistance opiniâtre,

---

(1) *Hoei-paho.* N° du 6 janvier 1875.

souvent victorieuse, que lui opposent les missions catholiques et l'Œuvre de la Sainte-Enfance.

« L'humanité, l'amour paternel, la charité
« sont des vertus ignorées chez les Chinois,
« qui ne s'occupent que d'eux, écrivait l'ami-
« ral Dumont d'Urville (*Voyage pittoresque*
« *autour du monde*, t. I, p. 340). C'est sans
« doute à cet égoïsme abrutissant qu'il faut
« attribuer l'énorme quantité d'infanticides
« dont ce pays est témoin chaque année. Loin
« de sévir contre ce crime atroce, le gouver-
« nement le tolère et l'autorise presque : l'une
« des occupations de la police de Péking est
« de ramasser chaque matin les enfants que
« l'on a jetés pendant la nuit. On entasse les
« victimes dans les charrettes et on les porte
« pêle-mêle, vivants et morts, dans une voirie
« située hors de la ville. Quelques auteurs ont
« porté à trente mille le nombre des infanti-
« cides commis dans une année, d'autres l'ont
« réduit à dix mille... »

Un conseiller au service de la Russie, M. Pierre Dorel, dont le livre : *Sept années en Chine*, a été traduit du russe en français par le prince Emmanuel Galitzin (Paris, 1842), écrivait : « Beaucoup d'habitants pauvres de
« Canton sont contraints, par excès de misère,
« à abandonner leurs nouveau-nés... Ces mal-
« heureuses créatures apaisent souvent la vo-

« racité des chiens... J'ai entendu dire à des
« Chinois qu'il était autrefois d'usage, même
« chez les gens riches, d'étouffer beaucoup
« de nouveau-nés du sexe féminin, attendu
« qu'il y avait honte à avoir beaucoup de filles.
« Sans affirmer que telle soit la coutume de
« toute la Chine, je puis du moins assurer
« qu'elle était généralement suivie dans la pro-
« vince du Fo-Kien. »

Des voyageurs plus récents ne contredisent
pas ces récits. Veut-on entendre maintenant
M. le marquis de Beauvoir (1) ?

« Arrivés à Canton, nous parcourons la
ville et nous sommes égayés par l'aspect des
Chinois à longue queue de cheveux et des Chinoises à petits pieds. Mais l'odeur est si affreuse que nous sortons bientôt dans les faubourgs, et soudain, tandis que nous pressons
le pas, dans les sentiers boueux et déserts qui
longent les murs en terre d'un petit village presque en ruines, nous voyons à trois pas, dans des
herbes abattues par la gelée, un petit panier en
nattes, cousu à son orifice ; quelque chose
semble remuer dedans ; la natte molle se soulève, puis retombe ; avec un couteau nous en-
tr'ouvrons le tissu grossier, et nous trouvons

---

(1) M. le marquis de Beauvoir accompagnait le
prince Pierre d'Orléans, duc de Penthièvre, dans son
voyage autour du monde.

un petit être nu, bleu et glacé de froid, âgé peut-être de vingt-quatre-heures. A peine rendu à la lumière du jour, il vagit plaintivement. Au bout d'un instant, d'autres cris lui répondent ; ils s'échappent d'un buisson voisin, et un autre enfant s'y débat aussi contre la mort. Celui-ci a sans doute été jeté par-dessus le mur, car il semble fracturé ; et sur un espace de cinq cents mètres le long de ce sentier, nous comptons bientôt *sept* moribonds, âgés de quelques heures seulement. Les uns sont atteints de la lèpre ; les autres sont presque entièrement gelés ; un d'eux a un coup de couteau dans le côté ! Je ne puis vous dire combien notre cœur se soulève de pitié, de douleur et de colère à la vue de ces enfants qui gisent là tellement meurtris ou gelés, que rien ne saurait les rendre à la vie. *Sept en moins d'un quart de lieue*, n'est-ce pas le spectacle le plus affreux et le plus navrant ? Pour notre premier jour en Chine, le hasard nous fait voir un exemple de la plus affreuse des cruautés. Cherchant encore au milieu des immondices, nous ne pouvons découvrir un seul de ces petits êtres qu'on puisse espérer de sauver. Ici, le sang coule, le froid a glacé ces membres frêles ; plus loin, l'enfant empoisonné vomit en râlant.

Mais les tams-tams des fortifications nous avertissent qu'il faut courir, pour ne pas trouver notre retraite coupée, et portant dans le cœur la plus poignante des tristesses, nous hâtons notre marche et, au bout d'une heure, nous arrivons à Sha-myen, concession européenne. Certes, je l'avoue bien franchement et je prie les Missions de me le pardonner, *je n'avais jamais voulu croire à l'exposition des petits Chinois*. Je me disais que, puisque les bêtes féroces soignent leurs petits, il ne devait pas y avoir de pays où l'abandon des enfants fût devenu une coutume !... Ah ! maintenant que j'ai vu la plaie, comme Thomas, je suis convaincu et je m'incline. Je verrai toute ma vie ces sept enfants jetés aux gémonies, à la porte de la première ville chinoise que nous visitons ; ces sept enfants que nous fait découvrir notre première promenade au hasard, dans la campagne de Canton. Je ne m'étonne plus désormais du chiffre de vingt ou vingt-cinq mille auquel les *Annales de la Propagation de la Foi* portent, si je m'en souviens bien, le nombre des enfants exposés par an dans les grands centres chinois (1). »

Grâce à cette charité catholique que méconnaît la prévention ou la haine, ces effroyables misères sont énergiquement combattues : elles disparaîtraient, le jour où le christianisme viendrait

---

(1) *Voyage autour du monde*, p. 423-425. — Dans une conférence qu'il fit à Rouen, en 1876, M. le marquis de Beauvoir a, de nouveau, affirmé ces faits.

à prévaloir dans l'immense empire. M. de Beauvoir loue le dévouement que les missionnaires et les religieuses déploient dans leur lutte contre la barbarie, et il ajoute :

« ... Mais les fonds ont manqué pour faire encore de ce terrain de ruines le centre de bienfaisance tel que le rêve la Mission. Pourtant il y a déjà le remède à bien des douleurs ! Mgr Guillemin, nous menant à droite, au fond de son enclos, nous ouvre la porte d'une maison carrée : nous entrons dans une vaste salle que garde une Sœur de Charité, et nous ne comprenons point au premier abord ce que signifient une vingtaine de sortes d'auges de bois, sur lesquelles sont étendues des couvertures grossières et de couleur foncée. La Sœur soulève celles-ci, et que voyons-nous? Plus de 250 petits enfants rangés là, les uns à côté des autres : *c'est la récolte de la semaine*. Si quelques-uns semblent vivaces, la plupart sont livides : douze ou quinze se meurent déjà ; quatre viennent de mourir ! Et aussitôt, devant nous, ces corps inanimés sont enlevés à leurs frères d'infortune : le cœur se serre quand on voit ainsi côte à côte ces enfants, parmi lesquels la mort se hâte de faire des vides. Pauvres petits anges qui râlent en commençant à vivre, et qui vivraient si leurs infâmes parents ne les avaient jetés par le froid sur les chemins et contre des cailloux ! Bien plus, on nous dit

que les Chinois leur font boire quelque li-
queur forte avant de les offrir à la charité publique, et c'est là la cause de tant de morts !
Chaque matin, les Chinoises chrétiennes élevées par les Sœurs partent avec une hotte, et,
chiffonnières d'enfants, elles vont par les ruel-
les, dans les faubourgs, près des buissons, des
murailles, des terrains déserts, et elles rapportent les pauvres petits êtres qu'elles trouvent
les moins meurtris... Avec plus de ressources
pour payer des *chercheuses d'enfants*, pour élever ceux qu'elles trouvent et surtout pour aug-
menter le nombre des Sœurs de France, on
recueillerait ici des centaines d'enfants par
jour ! Car *l'exposition* étend, comme une ta-
che d'huile, ses tristes ravages... »

Citons encore le passage où nos lecteurs
trouveront, avec des détails précis sur les bien-
faisants résultats de l'Œuvre de la Sainte-Enfance, de nouveaux encouragements à la sou-
tenir.

« Maintenant que j'en puis parler *de visu*, je
voudrais faire voir à ceux qui nient *l'exposition
des petits Chinois* la modeste demeure qu'a bâ-
tie Mgr Guillemin, — ces auges remplies d'enfants apportés en une semaine , ces quatre
Sœurs françaises occupées nuit et jour à les
soigner, — ces salles où sont entassés ceux
de l'année dernière et d'il y a deux ans, — ces
groupes d'enfants de trois à quatre ans qui

jouent dans la cour. — enfin ces écoles d'orphelins et d'orphelines adultes qui ont grandi
sous l'aile des Missions et qui leur doivent la
vie et l'instruction. Mais, au seuil de cet enclos, où Yëh dressait des listes de cent hommes
à décapiter par nuit, il y a maintenant un *re-
gistre d'entrée*, tenu par l'évêque français pour
tous les enfants chinois qu'il cherche à rappeler à la vie, et voici un chiffre plus fort que
mes humbles paroles et qui marque la ré-
ception des douze derniers mois : 4.883 enfants ont été en un an trouvés abandonnés, ont
été recueillis, baptisés et soignés *ici*. Cette recherche a coûté 4.245 francs, ce qui fait 87
centimes par tête (la valeur d'une livre de laine
en Australie)! Le personnel employé à l'intérieur de la crèche se compose de 4 Sœurs
françaises, de 15 Sœurs chinoises, de 30 orphelines et de 7 domestiques. Avec l'entretien
et la réparation de la maison, l'ensemble des
dépenses de ce chapitre n'est monté qu'à
14.534 francs. Pour une somme à peu près
égale, l'évêque entretient l'orphelinat des garçons, où 100 jeunes Chinois sont instruits, lo-
gés et nourris, et où sont hébergés de plus une
vingtaine d'autres, dont il paie l'apprentis-
sage. Ces garçons se marient ensuite et pren-
nent pour femmes les pauvres filles recueillies
comme ils l'ont été eux-mêmes ; ils s'installent
aux environs de l'église, et grossissent ainsi peu

à peu le noyau d'une population laborieuse et honnête, aimant l'Europe qui lui a envoyé des bienfaiteurs, aimant ses enfants qu'elle *n'exposera* jamais! Tel est le bilan de l'Œuvre charitable dont il nous est donné de voir les moindres détails. L'œuvre est en enfance, il est vrai, car les sommes allouées ne suffisent guère. Avec trois ou quatre feux d'artifice de moins dans nos fêtes publiques, que de milliers d'existences on pourrait sauver ici ! Ajoutez-y les 36 écoles réparties dans la province, où 400 enfants sont élevés, cinq petits orphelinats, qui entretiennent une centaine d'enfants (le tout coûtant environ 11.000 francs), et vous saurez à peine la vingtième partie du bien que font en Chine les Missions Étrangères (page 437). »

Un autre voyageur dont les récits n'ont pas été moins lus et moins goûtés que ceux de M. de Beauvoir, un diplomate éminent, M. le baron de Hübner, nous donne les mêmes détails sur la ville de Shang-Haï.

« A peu de distance de Sü-kia-wei, se trouve un orphelinat dirigé par des Sœurs. La Supérieure, jeune femme d'un extérieur agréable, au visage doux et spirituel, nous fait les honneurs de l'établissement avec la grâce et les manières aisées d'une personne de la meilleure compagnie. Son français est le parisien du faubourg Saint-Germain, d'où elle semble être sortie pour s'ensevelir dans cette solitude, et y consacrer ses plus belles années, sa santé, probablement sa vie, aux tâches ardues de sa vocation. On nous mène dans l'orphelinat, l'asile des babies apportés aux Sœurs par la famille ou ramassés sur la voie publique. Ces pauvres créatures, toutes des filles, sont, quand on les apporte, de petits paquets d'os et de peau, respirant à peine, le plus souvent rongées d'affreuses maladies, couvertes de lèpre et de plaies : — elles sont aussitôt baptisées, lavées, pansées, élevées dans la maison si elles survivent, et plus tard mariées avec des coreligionnaires ou placées comme servantes dans les familles chrétiennes. Nous entrons dans une des salles. Elle est spacieuse, fort proprement tenue et bien ventilée. Le long des murs sont disposés les berceaux contenant chacun deux enfants placées l'une en face de l'autre. Des religieuses, penchées sur elles, leur prodiguent les plus tendres soins. Étrange et merveilleuse péripétie réalisée dans le cours d'existences qui comptent à peine quelques heures ! Hier encore, ces petits êtres, nés au bord de la tombe, gisaient sur un tas d'immondices, *exposés à être dévorés par les cochons* ou à s'éteindre dans une lente et horrible agonie ; aujourd'hui ils ont trouvé des mères qui, pour les sauver, sont accourues de l'autre extrémité du monde !... Quelle chose admirable que ces asiles où les intelligences s'ouvrent aux lu-

mières de la civilisation, les cœurs aux vérités
de la foi, où se pansent les plaies des âmes et des
corps, se soulagent les misères, s'exercent dans
le degré le plus sublime les vertus apostoliques
de la charité et de l'abnégation (1) ! »

Voilà, certes, des affirmations bien nettes.
Chacun des deux nobles voyageurs que nous
venons d'entendre aurait le droit de dire :
J'étais là , telle chose m'advint. Tout ce que
M. Eugène Simon pourrait leur objecter ,
c'est qu'il n'a pas vu ce qu'ils ont vu.
Selon lui « l'abandon et l'exposition des en-
« fants sont beaucoup plus rares en Chine qu'en
« France ; » et il dit encore : « Un mission-
« naire (*qui n'a pas dit son nom et qu'on n'a pas
« revu*) placé à la tête de l'établissement de la
Sainte-Enfance de Tien-tsin, ville de plus
« de 300.000 âmes, me disait en 1862 que de-
« puis l'ouverture de cet établissement, qui da-
« tait de trois ans, il n'avait pas encore pu, par
« aucun moyen, se procurer un seul enfant. »

Les pires aveugles ne seraient-ils pas ceux
qui refusent de regarder, comme les pires sourds
sont ceux qui refusent d'écouter ? C'est M. le
capitaine de vaisseau de la Jaille, aide de camp
du ministre de la marine, qui répondra à
M. Simon. « A Tien-tsin, écrit M. de la Jaille,
« il m'a été donné de visiter en 1869, au milieu

---

(1) *Promenade autour du monde,* t. II, p. 245-249

— 41 —

« des nombreux enfants qu'elles élevaient, les
« vénérables Sœurs qui sont devenues les
« victimes des massacres de juin 1870. Elles
« poursuivaient leur œuvre de charité au milieu
« d'une population turbulente et recevaient, de
« toutes parts, des témoignages de respect et
« d'estime. En rendant compte alors de l'état
« des esprits dans cette ville agitée, j'ai pu faire
« ressortir la valeur et la cause des témoi-
« gnages donnés sous mes yeux... »

M. Eugène Simon n'a quitté la Chine que vers
l'année 1869 ; avec un peu de bonne volonté,
il eût pu s'assurer que l'orphelinat de Tien-tsin
n'était pas vide. Mais a-t-il même consenti à voir
ce qui se passait à Ning-po, dans la ville où il
représentait la France ? « En ne consultant que
« mes souvenirs les plus récents, dit encore
« M. de la Jaille, je pourrais parler de mes
« visites à l'orphelinat de Ning-po, dont le re-
« crutement n'était que trop facile, à celui de
« Ting-hae (îles Chusan) où j'ai conduit et
« installé les Sœurs de Charité envoyées de
« Ning-po pour le diriger. Chang-hai étant
« un centre où l'élément européen est consi-
« dérable, *ses établissements sont trop en vue*
« *pour n'être pas connus de tout le monde.* J'ai
« plusieurs fois constaté *par mes yeux* que
« des enfants abandonnés ont pu être ramas-
« sés, apportés aux orphelinats, et n'ont dû
« la vie qu'aux soins qui leur ont été prodigués. »

Le vice-amiral de la Grandière constate que les établissements de la Sainte-Enfance pour *les enfants abandonnés* sont très nombreux, et qu'il en a visité plusieurs.

M. G. Devéria, premier secrétaire interprète de la légation de France à Péking, a vu fonctionner de nombreux orphelinats de la Sainte-Enfance.

M. Ed. Humann, capitaine de frégate, a passé trois ans en Chine (de 1865 à 1867, époque où M. Simon était consul à Ning-po). M. Humann , en qualité d'aide de camp de M. le vice-amiral Roze, à cette époque commandant en chef de notre division navale, l'a accompagné dans ses visites aux orphelinats de la Sainte-Enfance, notamment à ceux établis dans la province de Ning-po, *où M. Simon était consul.*

« Ces établissements, dit M. le capitaine Humann, étaient encombrés de jeunes Chinois, la plupart arrachés à la mort dès leur plus tendre enfance... Cette plaie de l'exposition publique des enfants n'est un mystère pour personne de ceux qui ont visité la Chine, et *de l'aveu même des autorités chinoises, elles sont impuissantes à la réprimer :* cet aveu est échappé *en ma présence* au gouverneur de la province de Canton. Je ne crains pas d'être démenti en affirmant que dans tout l'empire chinois, la même cause produit les mêmes effets. »

La Supérieure des Sœurs de Hong-Kong prend elle-même M. Eugène Simon, *nommement*, à partie, et elle le somme, avec indignation, de venir visiter ses orphelinats. « Les « mères chinoises, dit-elle, exposent leurs « propres enfants à la mort, les abandonnent « sur les chemins, et quelquefois *pour être la* « *pâture des pourceaux.* »

Les attaques de M. Eug. Simon, de même que celles de certains journaux et revues, sont les complaisants échos des plaintes que la Chine a plus d'une fois élevées contre l'œuvre de nos missions. Les voix catholiques n'ont pas été les seules à en signaler la fausseté et l'injustice.

Un *Memorandum* fut adressé en 1871 par le gouvernement chinois aux puissances étrangères ; ce *règlement,* qui était la négation du traité de Péking (de 1860) et de la liberté religieuse accordée par ce traité, a été rejeté à l'unanimité par toutes les puissances, ainsi que le constatent les dépêches publiées *in extenso* par la *London Gazette,* journal officiel de l'Angleterre. La dépêche de M. Wade, ministre plénipotentiaire de S. M. britannique à Péking, au ministre chinois Wen-siang, en date, à Péking, du 8 juin 1871, dépêche approuvée par lord Granville les 21 et 31 août 1871, dit : « Les enfants des asiles catholiques « romains sont des enfants abandonnés de

« tous. *Il serait difficile d'en trouver un qui*
« *n'ait été laissé sur le chemin, prêt à mourir.* »
M. Francis Garnier, dont nous allons parler,
a. sur ce *Memorandum*, la même opinion que
le Corps diplomatique. — La revue anglaise
l'*Athenæum* (juillet 1876) dit : « Les détails
donnés sur les nombreux orphelinats prou-
vent combien le crime d'infanticide est habi-
tuel et même reconnu dans certaines provinces de la Chine (1). »

Un voyageur éminent, étranger, hélas ! à
nos croyances, M. le lieutenant de vaisseau
Francis Garnier, dont tout le monde connaît
l'histoire et la mort, écrivait, il y a neuf ans,
dans un recueil peu suspect de cléricalisme :
« En réalité, — et l'on ne saurait trop appuyer
« sur ce point, en présence de certaines illu-
« sions persistantes, — la Chine ne cherche qu'à
« échapper à l'importune pression de l'Eu-
« rope.... Trop vaniteux pour s'instruire, trop
« légers pour se souvenir, les lettrés ne pensent
« qu'à détruire à tout prix ces semences de
« civilisation et de concorde que les Missions
« et le commerce européen ont jetées dans leur

____

(1) Les citations de M. le capitaine *de la Jaille*, et
les autres qui précèdent, se trouvent dans le journal
Le Monde, 15, 16 et 17 août 1883 ; *L'Univers*,
26 avril 1883 et les *Annales* de la Sainte-Enfance,
numéro 171, pages 249 - 276, et numéro 172, pages 316-
338.

« pays... (1) » Ces Missions. M. Francis Garnier en fait le plus sympathique, je dirais presque le plus cordial éloge. Sans doute, l'œuvre
que les Missions poursuivent avant toutes les
autres, l'œuvre qui constitue leur véritable
raison d'être, n'est pas celle que M. Francis
Garnier admire et goûte le plus. Les services
rendus par les Missions aux intérêts de la
civilisation et de la France, voilà ce qui l'attire
vers elles et lui inspire en leur faveur de si
chaleureuses paroles. N'importe : M. Francis
Garnier démontre à sa manière que la vérité
catholique mère d'un apostolat si bienfaisant,
a, selon le mot de saint Paul, les promesses
du temps comme celles de l'éternité (2) ; et
l'Église pourrait dire de ces auxiliaires inat-
tendus ce que son Maître disait du thauma-
turge qu'un zèle irréfléchi avait réprimandé :
« qui n'est pas contre vous est pour vous (3). »

D'après M. Francis Garnier, « les Missions
« catholiques font un bien considérable que
« proclament leurs adversaires eux-mêmes.
« C'est surtout dans l'intérieur du pays, loin
« des souvenirs irritants laissés par les dernières
« guerres, que l'on peut apprécier l'heureuse

---

(1) *Le rôle de la France dans l'Extrême-Orient.
Revue Scientifique*, 9 octobre 1875.
(2) I. Tim., IV, 8.
(3) Marc, IX, 39.

3.

« action qu'elles exercent. Tous les voyageurs
« qui ont pénétré en Chine leur rendent ce
« témoignage. Quant à moi, poursuit M. Gar-
« nier, je me suis toujours retrouvé avec le
« plaisir le plus vif au sein de ces chrétien-
« tés qui font à l'étranger un accueil si bien-
« veillant, et au milieu desquelles on respire
« une atmosphère dégagée des pratiques pué-
« riles de la vie chinoise. C'est comme une
« aurore de civilisation européenne qui com-
« mence à éclairer le vieux monde oriental et
« prélude à son rapprochement avec le nouveau
« monde de l'Occident. Le bon accord qui
« règne presque partout entre les pasteurs de
« ces petits troupeaux et les autorités locales,
« l'empressement que les agents du gouver-
« nement mettent à réclamer le concours des
« Missions dans les circonstances difficiles,
« étonnent et charment à la fois. C'est le
« nom de la France qui est surtout connu des
« mandarins chinois et aimé des chrétiens
« indigènes. »

Aussi, M. Fr. Garnier revendique-t-il pour
notre patrie ce protectorat des missions qu'une
politique aux vues étroites et aux passions
sectaires voudrait lui faire délaisser. « Est-il
« bien certain, » demandait-il en 1875, —et cette
question se pose encore, — « qu'une abdication
« précipitée et irréfléchie n'aggraverait pas en
« Orient les conséquences de nos malheurs ?

« L'Angleterre ne recueillerait-elle pas notre
« héritage ? Les avances faites par ses agents
« aux missionnaires du Thibet et de la Chine
« témoignent du prix qu'elle attache à leur
« concours. Ses voyageurs aiment à se pré-
« valoir de l'appel et des renseignements de
« nos missionnaires. Les missions protestan-
« tes, moins unies, manquent de cet ensemble
« dans les desseins et dans l'action qui im-
« pressionne les foules. Leurs membres sont
« moins absolument consacrés à une œuvre
« que le dévouement des prêtres catholiques
« accepte sans esprit de retour. Pour ceux-ci,
« point d'intérêts matériels qui les rappellent
« en arrière, pas de préoccupation de famille,
« pas d'hésitation dans le but à poursuivre.
« Si, au point de vue scientifique, la part des
« missionnaires protestants dans le travail de
« régénération de la Chine est importante,
« l'action exercée par eux sur les populations
« indigènes reste toute personnelle et passagère,
« et ne saurait prétendre aux grands résultats
« de cette immense et permanente machine de
« guerre organisée par la papauté pour la pro-
« pagation de la foi. »

Cet éloge des missionnaires catholiques nous
prépare à recueillir leurs dépositions. Nous pouvons maintenant leur demander ce qu'ils savent
des mœurs et des pratiques de la Chine, et ce
qu'ils ont fait pour les redresser ou les détruire.

Ce qu'ils savent, ils nous le diront avec l'inimitable accent de la sincérité. C'est en pénétrant dans le pays, c'est en se mêlant aux païens (1), c'est en entrant dans les détails de leur vie, c'est en recueillant les aveux des infidèles devenus leurs catéchumènes (2), qu'ils ont appris quel crime ronge en Chine la famille. Un d'eux, Mgr Coupat, actuellement Vicaire apostolique du Su-tchuen oriental, nous apportera un témoignage qui concorde pleinement avec ceux que nous avons déjà recueillls.

« Chez les païens chinois, écrit cet évêque, quand a lieu un mariage, et que la fiancée arrive

----

(1) Voir les paroles de M. Gabet dans les *Annales de la Sainte-Enfance*, N° d'Avril 1847, page 291.

« Moi-même, disait-il, j'en ai moins appris sur « la Chine dans les huit premières années de mon « séjour, que dans l'espace de quatre mois, lorsque « j'ai pu impunément me mêler parmi les païens. » Ces paroles concordent avec ce qu'écrivait un jeune officier de l'armée de Chine (devant Canton, 23 janvier 1858). « L'Œuvre de la Sainte-Enfance... trou-« ve souvent des incrédules. Moi-même à Macao et à « Hong-Kong, je n'avais jamais entendu parler de « faits de ce genre ; or, voici un trait qui prouve « surabondamment l'existence de la chose.

« Le premier jour de l'attaque, on a rencontré con-« tre la muraille deux grands paniers remplis de pe-« tits enfants d'un mois à peine, presque tous du sexe « féminin. Chaque panier pouvait en contenir une « quarantaine... » (*Ann. de la Sainte-Enf.* Avril 1858, p. 156.)

(2) Voir entre autres documents, *Ann. de la Sainte-Enf.* N° de déc. 1848, p. 107, lettre de Mgr Desflèches.

chez son époux, il doivent tous les deux, conjointement, s'astreindre à un très long et très compliqué cérémonial, il faut saluer les dieux du foyer ou Pénates. L'époux d'abord, puis la nouvelle épouse, sur l'invitation du maître de cérémonies, en présence des dieux Lares, et à genoux, doivent réciter chacun les six préceptes qui les regardent particulièrement, avec la promesse de les observer strictement. Or, *le quatrième de ces préceptes*, pour la nouvelle épouse, est celui-ci : « *Il t'est défendu de détruire tes enfants et de noyer les filles.* »

« Donc, si en un jour de si grande solennité pour de nouveaux époux, ils doivent faire de telles promesses, c'est une preuve, ce me semble, que, parmi les païens, ce crime est assez commun. Dans toutes les grandes villes de Chine, dans tous les principaux marchés, il existe un temple qu'on nomme *Tchèn-Houàng-Miào*, dédié au dieu protecteur du lieu. Dans ce temple se trouvent représentés les supplices de l'Enfer. Ces supplices sont divisés en douze catégories qu'on appelle *Ché eul tién*; c'est là que chaque coupable doit venir expier ses crimes.

« Or, parmi ces douze catégories, il en est une qui a pour titre : « Les cinq enfants qui accusent leur mère : *Où tsè Kào Moù*. » C'est simplement cinq enfants tués en naissant par une mère cruelle, et qui, arrivés aux enfers,

l'accusent devant les dieux infernaux, chargés
de punir chacun selon ses crimes. On voit
sur la scène les cinq enfants, la mère, les juges,
les témoins, les exécuteurs et les instruments
du supplice, le tout moulé en terre glaise, peinte
et vernie. Sont-ce les Missionnaires qui ont
inventé cet enfer-là ? Cet enfer serait-il une
preuve que l'infanticide n'existe pas en
Chine ?

« J'ai sous la main plusieurs pièces chinoises contre l'infanticide. J'en choisis trois
pour vous les envoyer. Deux de ces pièces sont
en langue vulgaire, l'autre, d'un style plus
relevé, est appuyée par une proclamation de
l'empereur *Chouén-tché* appartenant à la dynastie actuelle... (1).

Ce que les missionnaires ont fait, ce qu'ils
font encore, l'histoire nous l'a appris, elle
nous l'apprend sans cesse.

On sait quels ont été, dans les temps mo-
dernes, les premiers apôtres de la Chine. Au
xvi° siècle, quand saint François Xavier tourna
vers ce vaste empire la surhumaine ambition
qui croyait n'avoir rien conquis tant qu'il res-
terait quelque chose à conquérir, nul vestige
apparent n'y subsistait des chrétientés fondées
par Jean de Monte-Corvino et par ses compa-
gnons, sous la dynastie des Yuen. Plus heureux

___

(1) Annales de la Sainte-Enfance. n° 204, p. 4-20.

que saint François Xavier qui avait salué la
Chine d'un regard mourant, sans y pénétrer,
un dominicain portugais, le P. Gaspard de la
Croix, aborde à Canton en 1555. Les mandarins, effrayés des conquêtes apostoliques de
ce saint homme, l'arrachent à ses néophytes.
et le contraignent à s'éloigner. Le P. de la
Croix poursuivra dans les Indes et achèvera
en Portugal, au service des pestiférés, une carrière qui, en Chine, avait été marquée au
double sceau de la persécution et du succès.
Le P. de la Croix a écrit une *histoire de la
Chine*, devenue extrêmement rare; nous ne
savons si, pendant son trop court apostolat, il
put s'occuper de l'œuvre du baptême des enfants moribonds.

Exécuteurs des volontés suprêmes de saint
François Xavier qui avait légué la Chine au
zèle de ses frères, deux jésuites, les Pères Mi-
chel Ruggieri et Matthieu Ricci, arrivent à
Macao, peu d'années après l'expulsion du Père
de la Croix ; en 1583, ils s'établissent dans la
ville de Tchao-King-fou. Repoussé de Nan-
king en 1595, le P. Ricci y revient en 1599, et
y fonde une chrétienté qui ne tarde pas à donner les plus beaux fruits.

Ce que furent, par le talent et par la science.
les premiers missionnaires jésuites de la Chine
et leurs successeurs, nous n'avons pas à le
redire. Quels noms que ceux des Ricci, des

Gaubil, des Prémare, des Parennin ! Dieu qui souvent se plaît à accomplir les plus grandes œuvres par les plus chétifs instruments, ne refuse pas toujours à son Église les dons humains. L'Église reçoit ces dons avec reconnaissance : elle s'en fait une parure, un bouclier et un glaive ; mais elle n'oublie pas qu'ils peuvent lui être ravis, et elle leur préfère ces promesses et ces secours divins qui défient toutes les vicissitudes.

A côté des jésuites nous rencontrerons en Chine les dominicains, les franciscains, les lazaristes et les membres de la société des Missions Étrangères.

Un des plus pressants soucis des apôtres de l'empire, fut de procurer aux enfants le bienfait du baptême. On établit dans de nombreuses églises des congrégations dont les membres se vouaient à l'œuvre du baptême et de l'adoption des enfants. « Il n'est pas croyable. » écrivait en novembre 1702, le P. Fouquet, jésuite, au duc de la Force, « combien le nom-« bre d'enfants, que les parents abandonnent « et qu'on expose dans cette grande ville (Nan-« tchang-fou, capitale de la province de Kiang-si), « est considérable. Il n'y a point de jours qu'on « n'en baptise plusieurs, et c'est un des plus so-« lides biens qu'on puisse faire en ce pays (1). »

____

(1) *Lettres édifiantes et curieuses*, t. III, p. 69, 70 (édition du Panthéon littéraire).

« En 1710, le P. Parennin écrivait de Péking : « On a baptisé cette année dans notre
« église huit cent vingt-neuf petits enfants
« dont la plupart étaient exposés dans les
« rues. Les pères du collège qui sont auprès
« des portes de la ville où l'on expose un plus
« grand nombre de ces enfants, en ont baptisé
« plus de trois mille. Ce que j'ai l'honneur de
« vous mander doit vous faire comprendre le
« bien solide que procurent les personnes cha-
« ritables d'Europe qui entretiennent ici des ca-
« téchistes employés uniquement à cette fonc-
« tion (1). » Le 19 octobre 1720, le P. d'Entre-
colles écrivait de Péking à une dame anglaise :
« J'ignore, Madame, et votre nom et le rang
« que vous tenez en Europe ; je vois seulement
« sur la liste des bienfaiteurs pour lesquels nous
« devons offrir à Dieu nos prières qu'une dame
« anglaise fournit libéralement depuis plu-
« sieurs années de quoi entretenir des catéchis-
« tes dont la principale fonction soit d'aller
« chercher chaque jour et baptiser les enfants
« qu'on expose en grand nombre dans les
« rues, et que la pauvreté de leurs parents
« condamne à mort presque au même instant
« qu'ils ont commencé de vivre. .... Vos inno-
« centes colonies n'ont point diminué, et n'ont
« jamais cessé de peupler la vraie terre pro-

Ib.   p. 183,

« mise.... Il n'y a guère d'années où nos
« seules églises de Péking ne comptent cinq
« ou six mille de ces enfants purifiés par les
« eaux du baptême ; cette récolte est plus ou
« moins abondante, à proportion du nombre de
« catéchistes que nous pouvons entretenir (1). »

Dans ces pages, nous trouvons la Chine des
deux derniers siècles, à laquelle la Chine d'aujourd'hui ressemble encore ; le zèle ardent,
l'industrieuse charité des premiers missionnaires nous y apparaît aussi ; enfin, il nous est
doux d'y reconnaître les preuves de la généro-
sité des catholiques d'Occident : à vrai dire,
dès cette époque, les œuvres de la *Propagation de la Foi* et de la *Sainte-Enfance* s'es-
sayaient déjà et offraient leurs premières aumônes pour le rachat des âmes.

Ni le dévouement des missionnaires, ni la
libéralité des fidèles ne furent stériles. La mission des jésuites de Péking a inscrit dans ses
annales, depuis 1710 jusqu'à 1753, plus de
dix-sept mille baptêmes d'enfants moribonds
abandonnés. Celle de Canton en compte un
peu plus de mille, depuis 1719 jusqu'à 1757.

La Société des Missions étrangères ne fut
pas moins heureuse. Un de ses représentants,
M. Moye, dans la relation qu'il adressa à la
Propagande, évalue à trente mille le nombre

---

(1) *Lettres édifiantes et cur.*, t. III, p. 292.

des enfants mourants, baptisés dans son district
(le Se-tchoan), pendant les années de peste
et de famine 1778 et 1779. Dans un *Avis aux
âmes charitables d'Europe*, il sollicita des aumônes qui lui permissent de fonder, à l'état
permanent, une œuvre vouée à la recherche
et au baptème des enfants moribonds ou abandonnés (1).

Un autre membre de la Société des Missions, Mgr Pottier, évèque d'Agathopolis et
vicaire apostolique du Se-tchoan, donnait, en
octobre 1782, sur l'état de cette œuvre les plus
consolants détails (2). Disons, pour ne pas
nous attarder plus longtemps à ce récit, que
dans les vicariats apostoliques de Se-tchoan.
de Yung-nan et de Koei-tcheou, depuis 1771
jusqu'à 1800, la Société des Missions a pro-
curé le baptème à soixante-onze mille neuf
cent quatorze enfants (2).

Les enfants qui survivaient n'étaient point
délaissés par ceux qui les avaient baptisés. Au
Kang-si, au Kiang-tcheou, les missionnaires
et les fidèles, au prix de tous les sacrifices, ar-
rachèrent à la mort un grand nombre de ces

---

(1) Vie de M. Moye, de la Société des Missions
Etrangères, par M. l'abbé Marchal, pages 354 - 368.

(2) *Nouvelles lettres édifiantes des Missions de la
Chine et des Indes orientales.* Paris, Adrien Leclère,
1818. t. 1, p. 365, 366.

enfants. Dans l'île d'Amoy, un homonyme du jésuite Mathieu Ricci, le dominicain Victor Ricci, d'une illustre famille de Florence, était par sa charité l'émule de saint Vincent de Paul. « Son apostolat, dit l'auteur des *Missions do-* « *minicaines dans l'Extrême Orient*, s'exerça « d'abord sur les petits enfants. Tout le monde « sait la coutume barbare des Chinois d'ex- « poser les petits enfants. Le cœur du mis- « sionnaire ne put souffrir cette atrocité : et, « préludant à l'Œuvre de la Sainte-Enfance, « il les adopta tous. Victor Ricci se mit à « chercher partout ces innocentes victimes. « recueillit les plus jeunes et leur donna des « nourrices : pour les autres, il les traînait à « sa suite, et allait mendier de porte en porte « le pain qui devait les empêcher de mourir. »

Au xviii⁰ siècle, cette œuvre de conservation et d'éducation chrétienne prit des développe- ments nouveaux, grâce aux secours réguliers qui lui furent alloués. « La bonne œuvre, dit « l'historien de M. Moye, s'étendit à plusieurs « provinces ; mais elle avait son siège prin- « cipal à Canton... Les divers corps de mis- « sionnaires lui donnèrent leurs soins. Les « résultats furent si consolants que la Sacrée- « Congrégation adopta de bonne heure le projet « qui lui avait été suggéré de créer un fonds « de charité qui assurât la perpétuité et l'ex- « tension de ce ministère de charité vraiment

« chrétienne... Le séminaire des Missions-
« Étrangères ne négligea point cette belle
« œuvre, et il doit être nommé quand on re-
« cherche les origines de cette association de
« la Sainte-Enfance, qui est aujourd'hui l'un
« des meilleurs appuis de ses missions en
« Chine (1). »

C'était peu de confier à des femmes chrétiennes les enfants baptisés : il fallait préparer
à ces enfants de stables asiles. Le premier orphelinat que mentionnent les annales des missions, est probablement celui de Song-Kiang.
dans la province de Kiang-Sou. Il fut fondé
dans la seconde moitié du xviiᵉ siècle par une
chrétienne héroïque, Candide Hiu, et probablement il disparut avec sa fondatrice, morte
en 1680. Les ressources manquaient. Le P. de
Prémare écrivait du Kiang-Si, en 1700, au
P. Le Gobien, procureur à Paris : « Entre
« plusieurs sortes d'établissements qui seraient
« nécessaires et qui aideraient beaucoup au
« progrès du christianisme par l'honneur
« qu'ils feraient à la Religion, il y en a un que
« plusieurs missionnaires, aussi bien que moi,
« avons singulièrement à cœur; ce serait qu'on
« pût faire d'abord dans cinq ou six villes
« capitales des plus grandes provinces de l'em-
« pire des espèces d'hôpitaux pour élever ces

____

(1) Vie de M. l'abbé Moye, p. 364.

« enfants exposés qu'on aurait empêchés de
« mourir et d'être séparés de Dieu pour tou-
« jours. Ce serait proprement ici une œuvre
« digne de la piété des dames, à qui par con-
« séquent vous devriez en expliquer le projet :
« car ces hôpitaux seraient principalement
« composés de filles ; ce sont elles que les
« parents exposent plus volontiers quand ils
« craignent de se voir surchargés d'enfants ;
« ils en ont moins de pitié encore que des
« garçons, parce qu'ils croient qu'ils auront
« plus de peine à s'en défaire et à les mettre
« en état de gagner leur vie.

« On les élèverait donc jusqu'à un certain
« âge dans les principes de la Religion et en
« leur apprenant les arts du pays, propres
« de leur condition et de leur sexe.. (1). »

La demande du P. de Prémare ne fut pro-
bablement pas exaucée ; mais, à la fin du xviii^e
siècle, on fit à Péking même, une tentative
plus heureuse, dont Mgr Mouly parle dans
une lettre du 10 octobre 1837 : « Il parait
« qu'un peu avant la révolution française les
« missionnaires de Péking avaient réalisé le
« charitable dessein de recueillir un certain
« nombre de ces pauvres enfants ; ils en
« avaient même, dit-on, adopté une douzaine

____

(1) *Lettres édifiantes et curieuses*, t. iii, p. 24-26.

« à titre d'essai (1). » Le vénérable apôtre ajoute : « Je vous assure que déjà bien souvent « j'ai eu la pensée de reprendre cette œuvre « et de l'établir soit à Péking soit dans les « autres grandes villes où nous avons des « fidèles ; mais j'ai été arrêté par la considéra- « tion des dépenses... J'attends encore, mais « je ne réponds pas de ne pas adopter, comme « je l'ai déjà fait, ceux que de pieux chrétiens « me présentent à baptiser. Après les avoir « faits enfants de Dieu, je ne pourrais jamais « me résoudre à les laisser mourir dans les « rues et manger par les chiens. Oh ! j'espère « bien qu'un jour la Providence aura pitié de « ces pauvres petites créatures, qu'elle trou- « vera quelque part pour les secourir un cœur « tendre et paternel comme celui de Vincent « de Paul ! Elle n'a pas délaissé les enfants « trouvés d'Europe, elle exercera un jour la « même miséricorde envers ceux de l'immense « et malheureuse Asie. »

Ces extraits, les faits qu'ils rapportent, sont des réponses anticipées et décisives aux asser- tions injurieuses de M. Eugène Simon. Les désirs des missionnaires du XVIIe et du XVIIIe siècle, les désirs de la Sainte-Enfance sur les enfants baptisés, ne peuvent se résumer dans

______

(1) *Annales de la Propagation de la Foi.* t. XII, p. 167.

ces mots qui n'en seraient qu'un travestisse-
ment odieux : « qu'ils aillent au ciel et qu'ils
« y aillent le plus vite possible ; c'est... tout
« ce qu'elle (la Sainte-Enfance) demande (1). »

De tout temps, sans doute, les missionnaires
se sont réjouis des dîmes opulentes que le ciel
prélevait sur les enfants baptisés par leurs
soins. Si c'est là un crime, ils n'ont pas été
les seuls à le commettre. Plus d'un père chrétien s'est consolé de la mort d'un enfant en bas
âge par l'infaillible certitude des biens qui lui
étaient assurés. « Nous avons perdu.. un enfant
« fort aimable. » écrivait le chancelier d'Agues-
seau, « mais que je ne voyais jamais sans
« douleur, parce que je sentais qu'il était
« presque impossible de le conserver long-
« temps. Que lui aurait donné d'ailleurs la
« plus longue vie qui pût entrer en comparai-
« son avec la fortune immense que Dieu lui a
« fait faire en un instant ? Vous avez donc bien
« raison de dire : *non erepta vita sed dona-
ta.* » (2).

Ces sentiments sont chrétiens, mais ce qui
est chrétien aussi, c'est le désir qui anime les
pères de se survivre dans des fils qui perpé-
tuent après eux des traditions de foi et d'hon-

---

(1) *Nouvelle Revue*, 15 mars 1883.
(2) *Lettres sur divers sujets ; lettre XXVII* : sur
la mort d'un de ses enfants.

neur ; c'est le désir qui partout pousse les missionnaires à fonder des chrétientés, et à jeter
sur un sol longtemps aride la semence de riches
moissons. Ce désir, le passé et le présent dé-
clarent assez haut qu'il n'a pas manqué aux
apôtres de la Chine.

« Il est beau sans doute, écrivait Mgr Guil-
« lemin, de baptiser de pauvres petits enfants
« abandonnés, et de penser que peu d'instants
« après, il s'envoleront sur les ailes de l'inno-
« cence au séjour des élus, où ils verront Dieu
« et se feront nos protecteurs auprès de lui.
« Mais je ne sais si l'établissement dont je parle
« (l'orphelinat de Canton) ne présente pas à
« l'observateur chrétien un spectacle plus inté-
« ressant encore, en lui montrant la transforma-
« tion que la grâce opère dans des âmes tout ré-
« cemment soumises à l'Évangile. La première
« nous les montre en possession du bonheur
« du ciel. La deuxième nous fait voir le chan-
« gement qui se fait en eux avant d'y parve-
« nir..... (1) »

La revue rapide que nous avons entreprise,
nous a menés presque au commencement de
ce siècle. Mgr Pottier, mort en octobre 1782,
eut pour successeur, dans le vicariat apostolique du Se-tchouan, Mgr de Saint-Martin, évêque de Caradre. Le nouveau vicaire apostolique

---

(1) *Ann. de la Ste-Enf.*

4

procura le baptême à vingt-deux mille enfants.
Il mourut en novembre 1801, et Mgr Dufresse,
évêque de Tabraca, qui le remplaça, donna à
l'œuvre des baptêmes une impulsion nouvelle.
De 1801 à 1813, cent quarante-un mille trente-
huit enfants furent baptisés. L'évêque de Tabraca couronna par le martyre une carrière si
fructueuse; le 14 septembre 1815, il fut déca-
pité à Tcheng-tou, capitale du Se-tchoan.
Mgr Fontana recueillit l'héritage de l'évêque
immolé : de 1822 à 1838, année de sa mort,
il fit conférer le baptême à quatre-vingt-quatre
mille six cent trente-deux enfants moribonds.
Depuis 1842 jusqu'à 1846, dans le seul vicariat
du Se-tchoan, plus de cent cinquante-cinq mille
enfants furent baptisés.

La date de 1822, que nous venons d'écrire,
rappelle la fondation de l'Œuvre de la Propagation de la Foi. Répéterons-nous l'éloge que
faisait d'elle, il y a trente-deux ans, le comte
de Montalembert ? « .... Cette œuvre majes-
« tueuse..... créée par une pauvre fille déjà
« oubliée, dans un faubourg de Lyon, est de-
« venue en quelque sorte une des grandes ins-
« titutions de l'Église universelle ; cette œuvre
« dont une prière quotidienne est le seul lien,
« et dont le budget, recueilli sou par sou, et
« semaine par semaine, dans l'épargne du pau-
« vre, subvient à l'éducation, aux voyages,
« à la subsistance de tant de missionnai-

res… (1). » Grâce à cette institution qui naissait d'une initiative individuelle, et que les plus augustes approbations allaient bientôt bénir et féconder, l'œuvre des missions devenait, si je l'ose dire, plus catholique encore que par le passé. Désormais, non seulement elle embrassera le monde entier dans ses ambitions apostoliques, mais le monde entier, par des contributions librement et régulièrement payées, lui prêtera le concours le plus persévérant et le plus efficace, et sera comme de moitié dans toutes les conquêtes des apôtres et des martyrs qu'il aura aidés jusqu'à la fin.

L'année 1838 marque une autre date aimée de la Chine chrétienne : alors fut établie, par Mgr Pérocheau, évêque de Maxula et coadjuteur de Mgr Fontana, la *Société angélique*, dont les membres envoient chaque année au ciel d'innombrables âmes d'enfants baptisés. La *Société angélique* était, à vrai dire, la fille de l'Œuvre de la Propagation de la Foi. C'est la Propagation de la Foi qui a permis à Mgr Pérocheau, il le reconnaît volontiers (2), d'instituer ces *baptiseurs* ambulants qui s'en vont deux à deux à la recherche des enfants. De 1842 à 1846, on put enregistrer cent cinquante-cinq mille sept cent soixante-sept baptêmes.

---

(1) *Des intérêts catholiques au* XIXe *siècle*, ch. II.
(2) *Ann. de la Ste-Enf.* t. IV, p. 235-238.

A la même époque, Mgr Mouly pouvait annoncer que six mille enfants païens moribonds avaient été baptisés dans son vicariat de Péking. Dans le même temps, un franciscain, Mgr Rizzolati, vicaire apostolique du Hou-Koang, s'imposait les plus pénibles sacrifices pour entretenir des catéchistes, et assurer le succès de l'œuvre des baptêmes. « A la vue d'un nombre « énorme d'infanticides, écrivait-il de Ou- « tchang-fou, en décembre 1844, je cherchai « dans ma pauvreté même par quel moyen je « pourrais me réduire à la plus scrupuleuse « économie..... pour procurer le plus grand « nombre possible de baptêmes..... J'ai donc « toujours envoyé quelques personnes ou caté- « chistes censés médecins, à la recherche de « ces enfants pour leur administrer le saint « baptême, particulièrement dans un hospice « créé par les païens eux-mêmes pour recevoir « les enfants exposés qu'on y apporte... Il faut « dire que par l'avarice et l'injustice des admi- « nistrateurs, ces pauvres enfants ne tardent « pas à mourir de faim, parce que chaque « nourrice doit en allaiter cinq, six et jusqu'à « sept à la fois. C'est dans cet asile que j'ai « toujours eu soin d'envoyer des personnes « d'une probité éprouvée ; elles fournissent gra- « tuitement des remèdes aux enfants aussi bien « qu'aux gens de service, afin de gagner l'af- « fection des chefs et obtenir ainsi la facilité

« d'administrer le baptême à tous les enfants
« qui y arrivent : cette année, les enfants bap-
« tisés dans ces trois villes réunies (Ou-tchang-
« fou, Han-iang-fou, Han-Keou) se sont élevés
« au nombre de deux mille environ, sans comp-
« ter quelques centaines de baptêmes en d'au-
« tres villes (1). »

L'Œuvre de la Sainte-Enfance, sœur modeste de l'Œuvre de la Propagation de la Foi,
allait compléter son aînée, provoquer des aumônes là où on eût à peine osé en demander,
et grouper en un faisceau des forces qui, dis-
séminées, auraient paru la pure faiblesse. Mon-
seigneur de Forbin-Janson répondait, en 1843,
par une initiative courageuse, à des désirs qui
s'étaient déjà produits et avaient trouvé une
satisfaction imparfaite. « Longtemps avant
« que le compatissant fondateur de la Sainte-
« Enfance traçât son plan de charité, écri-
« vait en 1847 Mgr Carpena, Vicaire apostoli-
« que du Fou-Kien, déjà cette mission voyait
« pratiquer l'œuvre des rachats avec le se-
« cours des aumônes mensuelles que les fidè-
« les de Manille et de Macao y envoyaient à
« cette fin. Mais ces aumônes étaient trop
« éventuelles et trop variables pour assurer à
« l'Œuvre une existence permanente (2)... »

---

(1) *Ann. de la Ste-Enf.* t. 1ᵉʳ, p. 129, 130.
(2) *Ann. de la Ste-Enf.* t. 1, p. 569.

4.

La Sainte-Enfance devait assurer la stabilité et la perpétuité à toutes ces entreprises généreuses dont l'histoire des missions catholiques nous a transmis le souvenir.

Et maintenant, énumérerons-nous tous les orphelinats qui, à l'aide des aumônes de la Sainte-Enfance, procurent en Chine à d'innombrables âmes, ou le salut immédiat, ou les armes nécessaires pour le conquérir ? C'est une statistique que nous allons exposer aux yeux de nos lecteurs. Les Annales de la Sainte-Enfance qui en ont fourni les éléments. n'ont pas été écrites en prévision de cette statistique ; des lacunes peuvent donc s'y rencontrer ; on n'y apprendra pas moins à reconnaître et à admirer l'inépuisable fécondité de l'apostolat catholique :

1. Dans le vicariat apostolique du Fou-Kien, aux PP. dominicains : deux orphelinats, à Fou-Tcheou et à An-poa ;

2. Dans le vicariat du Chen-si et du Kan-sou, aux PP. franciscains : deux orphelinats. à Kao-ling et à Ho-san (Le Kan-sou a été récemment attribué aux prêtres belges de la congrégation de Scheut-lez-Bruxelles).

3. Dans le vicariat de Chan-si, aux Pères franciscains, trois orphelinats à Tai-yuen-hien.

4. Dans le vicariat du Chan-tong. aux mêmes : trois orphelinats à Tcheo-li-chouan. à Tsi-nang-fou et à Kong-Kia-lon.

5. Dans le vicariat du Hou-nan, aux mêmes : deux orphelinats : l'un confisqué par le gouvernement, l'autre à Ou-tchang-fou.

6. Dans le vicariat du Hou-pé, aux mêmes : deux orphelinats à Han-Keou et à Le-tchuen.

7. Dans le vicariat du Se-tchoan oriental, aux prêtres des Missions étrangères : deux orphelinats, à Tchang-chan-tcheu.

8. Dans le vicariat du Se-tchoan occidental, aux mêmes : trois orphelinats, à Tchang-chan-ping et à Tchen-tou.

9. Dans le vicariat du Se-tchoan méridional, aux mêmes : deux orphelinats à Se-tcheou-fou.

10. Dans le vicariat du Koei-tcheou, aux mêmes : cinq orphelinats à Koei-yang-fou ; deux à Ngan-hoen-fou ; deux à Tsen-y-fou.

11. Dans le vicariat du Yun-nan, aux mêmes, neuf orphelinats à Long-Ki, à Tcheng-fong-chan, à Sou-eul-hao, à Gay-thien-pa, à Ka-Kong, à Ta-ly-fou.

12. Dans le vicariat du Koang-tong, aux mêmes ; quatre orphelinats, à Kia-yn, à Tchao-tcheou, et à Canton.

13. Dans le vicariat de la Mantchourie, aux mêmes : cinq orphelinats, à Ung-tse, et dans le district de Moukden.

14. Dans le vicariat du Tchely septentrional, aux lazaristes : sept orphelinats à Péking, à Suen-hoa-fou, à Ngan-Kia-tchoang, à Pao-tin-fou, à Tien-tsin.

15. Dans le vicariat du Tchely occidental, aux mêmes : deux orphelinats à Tchong-tin-fou.

16. Dans le vicariat du Kiang-si, aux mêmes : dix orphelinats à Nan-tchang-fou, à Lin-Kiang-fou, à Choei-tcheou-fou, à Fou-tcheou-fou, à Nan-fong-hien, à Y-hoang-hien, à Kieou-Kiang, à Koang-sing-fou.

17. Dans le vicariat du Tché-Kiang, aux mêmes : onze orphelinats, à Ning-po, à Kia-hing-fou, à Ting-hai-tin, à Tso-fou-pang, à Hong-tcheou, à Che-leang, à Kin-tcheou-fou ; dans la presqu'île de Kiang-pé.

18. Dans le vicariat de Nan-King, aux Pères jésuites : huit orphelinats, à Zi-Ka-wei, à Tchang-Kia-tang, à Hai-men ; dans l'île de Tsong-ming ; à Né-Kiao, à Yang-tcheou, à Tchen-Kiang, à Yng-tsen.

19. Dans le vicariat du Tchely oriental, aux mêmes : quatre orphelinats, à Tchang-Kia-tchoang, à Tchao-Kia-tchoang, à Yang-té, à Tchang-Kia-tchoang.

20. Dans le vicariat de la Mongolie, aux missionnaires belges de Scheut, six orphelinats : à Si-wang-tse et à Mia-el-Kou.

21. Dans le vicariat du Ho-nan, à la congrégation des Missions étrangères de Milan, quatre orphelinats : à Long, à Kio-chan, à Nan-yang-fou.

Nous comptons cent un établissements, fondés dans une période de trente années, et ouverts aux enfants chinois. Il nous reste à y pénétrer, à examiner ce qui s'y passe, et à en noter les résultats.

Comment nos orphelinats se peuplent, nous le savons déjà. Il y a les enfants que l'on a recueillis, que l'on a transportés dans ces demeures hospitalières; il y a ceux qui, d'eux-mêmes, y cherchent un refuge. « Dès que les « premiers froids commencèrent à se faire « sentir, écrivait Mgr Cosi, de son orphelinat « de Tsi-men-fou, en 1865, je vis arriver à ma « porte, pour demander l'aumône, de petits « enfants abandonnés, de neuf à quinze ans... « L'un s'enveloppait d'un lambeau de vieille « couverture, l'autre d'un habit en loques... « Un troisième était encore plus déguenillé; « tous étaient raidis de froid, et dans un état « de grande malpropreté... (1) »

Le compatissant évêque ajoute qu'il s'évertue à trouver pour tous ces infortunés des vêtements convenables; il y parvient : à quoi ne parvient pas la charité?

« Quel plaisir de voir, un jour de diman- « che, tous ces petits garçons... aller et venir « d'une cour à l'autre... et d'entendre les dia- « logues engagés entre eux!... »

Aux enfants vagabonds mais valides que nos orphelinats accueillent, ajoutons les aveugles,

---

(1) *Ann. de la Ste-Enf.* t. XVIII, p. 302-304.

les idiots, les paralytiques, les sourds et muets
qui y sont reçus : voilà le peuple que les missionnaires, par la discipline religieuse et morale, tirent de la barbarie où il avait vécu
jusque-là, où, sans leur secours, il vivrait jusqu'à la fin.

« Le règlement, dit un observateur auto-
« risé entre tous, saisit le nouveau-venu à son
« premier pas dans l'enceinte dont il franchit
« le seuil ; on lui remet entre les mains l'outil
« qu'il désire manier, et le livre chrétien où il
« apprendra qu'il existe un autre Ciel que celui
« de Confucius, et que l'homme n'est point la
« fine essence des cinq éléments, ni l'âme un
« air subtil qui s'évapore à l'instant où le corps
« cesse de vivre. »

« L'enseignement chrétien occupe une large
« place dans les orphelinats. L'enfant païen
« n'a entendu débiter autour de lui que quel-
« ques formules idolâtriques en l'honneur de
« Bouddha, de Lao-Kiun et des ancêtres : son
« bagage religieux est aussi léger que son trous-
« seau. Il n'a aucune idée de son avenir éter-
« nel, se croit heureux tant que le riz ne man-
« que pas, et ne songe nullement à son âme.
« Le missionnaire l'arrache à cette indifférence.
« et déroule devant lui les mystères de la Reli-
« gion chrétienne : la création du monde et
« de l'homme, la chute d'Adam, la promesse
« d'un Rédempteur, la naissance de Jésus-

« Christ, l'établissement de l'Eglise, sont au-
« tant de vérités qui jettent la lumière dans son
« intelligence et allument dans son cœur le dé-
« sir du baptême qui lui donnera droit à par-
« tager l'heureuse destinée des élus (1). »

Le travail manuel va de pair dans les orphelinats avec l'instruction religieuse. Les filles
sont appliquées au filage du coton, au tissage
de la toile, à la couture, à la broderie, etc.
Parmi les garçons, les uns, doués d'aptitudes
et d'attraits particuliers, seront un jour maî-
tres d'école, catéchistes ; les autres se forme-
ront aux travaux manuels, soit dans les ateliers
que contient l'orphelinat, soit même, quand
ces ateliers font défaut, chez des ouvriers
païens, où la sollicitude inquiète du missionnaire les suivra et s'efforcera de les préserver.

Les orphelins grandissent, et l'heure vient
où ils quittent l'asile qui a adouci et sanctifié
pour eux les sévérités de l'existence. Les jeunes filles sont mariées à des chrétiens, et on

---

(1) Le R. P. G. Palâtre, de la Compagnie de Jésus,
L'infanticide et l'Œuvre de la Ste-Enfance en Chine,
p. 173. Cet in-folio autographié (de XIII — 203 pages ;
Pièces justificatives en chinois, 74 pages ; Planches, 25
pages) auquel nous avons fait les plus fréquents et les plus
larges emprunts, est l'œuvre d'un missionnaire qui a
passé seize années en Chine, tantôt dans différents
districts du Kiang-Sou, tantôt à l'orphelinat de Tou-
sè-wè, tantôt enfin au séminaire de Zi-ka-wei.

leur fournit le modeste trousseau dont l'absence
jetterait une ombre sur le jour des noces et serait peut-être une menace pour l'avenir. De
leur côté les jeunes garçons devenus hommes,
fondent des foyers chrétiens et préparent à
leur patrie des générations pures. Les vertus
que la Chine a gardées, et dont, malgré tant
de misères, elle continue de vivre, subsistent
chez ces chrétiens : mais elles s'émondent, elles
dépouillent les éléments infimes, les scories
qui altéraient leur or : d'humaines elles de-
viennent surnaturelles et divines.

Si la longue nuit qui pèse sur la Chine doit
un jour se dissiper ; si ce vaste empire doit un
jour embrasser le christianisme, et réjouir par
une conversion longtemps désirée les apôtres
qui l'ont évangélisé et les martyrs dont il a
versé le sang, c'est tout particulièrement à
l'œuvre des orphelinats qu'il sera redevable
d'un si excellent bienfait. Ce jour-là, l'Œuvre
de la Sainte-Enfance reconnaîtra avec une
humble et joyeuse reconnaissance que ses aumônes, ses prières et ses labeurs n'auront pas
été infructueux.

Paris. — Imprimerie G. Téqui, 92, rue de Vaugirard.